如何让新开园 快速满园

——幼儿园招生活动指导手册

杨景郁 著

中国农业出版社

图书在版编目（CIP）数据

如何让新开园快速满园：幼儿园招生活动指导手册 / 杨景郁著. —北京：中国农业出版社，2017.7（2017.8重印）
ISBN 978-7-109-23182-5

Ⅰ. ①如… Ⅱ. ①杨… Ⅲ. ①幼儿园－招生－手册 Ⅳ. ①G617-62

中国版本图书馆CIP数据核字（2017）第162801号

中国农业出版社出版
（北京市朝阳区麦子店街18号楼）
（邮政编码 100125）
责任编辑 孙利平

中国农业出版社印刷厂印刷 新华书店北京发行所发行
2017年7月第1版 2017年8月北京第2次印刷

开本：700mm × 1000mm 1/16 印张：7
字数：168千字
定价：48.00元

编者的话

在过去的2016年里，我穿梭于城市与城市之间，奔波了30多个市、县，走访了数不清的幼儿园，不想说是什么情怀支撑着我如此热衷于开园工作，似乎是骨子里的激情，让我更善于做“从无到有”的事儿，我戏称自己是“打江山的，但是守不了”。

十多年前，自己以一个“小白”身份，孤身落地到济南，从选址、装修、招聘开始，打造出了一家高品质的早教中心，正式开业迎来了200多个会员，从而一发不可收地开始了新开园（早教机构）的招生运营工作。幸运的是，迄今为止，自己带领团队介入的新开园招生工作，效果都还不错。

尽管如此，当我着手准备编写这本书的时候，依然诚惶诚恐，我受不起“专家”的称谓，只是幸运地积累了一些行业经验，更愿意分享给有需要的人，帮助更多的新开园团队顺利开展招生工作，这足以令我欣喜！

同时，我也非常感谢我的团队，因为她们善于学习、认真努力、无惧辛苦，才成就了一个具备强战斗力的招生团队，谢谢刘蕾、刘佳萌、韩翊、王硕、荆满江……感谢你们的信任和追随，我们继续并肩作战，再次创造一个又一个奇迹！过去的战绩无须再提，未来的卓越才是我们心之所向。

感谢黄鹏先生的鼓励、加油打气，让这本书一气呵成！

感谢小嶙嶙，因为你的懂事和优秀，才让我在你高考之际，还能如此安心地投入我的事业，你也要加油努力！

最后，仅以此书献给所有积极、奋斗的人！

目 录

第一章　扭转观念——态度决定成败

两年前，当我打算重新对我的职业生涯进行规划时，我给自己设定的底线：一定一定不能再做早教行业了，17年早期教育行业运营管理背景，使得我这个风象星座的女性，睁眼闭眼、张嘴闭嘴都是数字和业绩指标，实在不符合我的“温婉气质”。

但是经过一轮盘点之后，我又发现，脱离幼儿教育行业，我简直“一无是处”。

当有个国内知名教育机构“幼儿园市场营销”岗位向我抛来橄榄枝的时候，我简直欣喜若狂：幼儿园，既是我擅长的幼儿教育领域，又不同于早期教育机构那么强势的市场运营模式，对我而言恰到好处。

我甚至窃喜：幼儿园招生，那岂不是手到擒来?

现在看来，原来我介入幼儿园招生工作的初期，也是如此的“三观不正”！

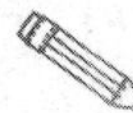

一、幼儿园市场发生了怎样的变化

回顾三四年前，似乎“市场营销”这个名词与幼儿园的各项工作怎么都不沾边儿，面对刚需的市场需求，很多幼儿园都是排队候位的状态，似乎一所幼儿园落地建成，不用做任何的招生工作，更谈不上“营销策略”这样的市场专业行为，一到两年甚至更短的时间就可以做到满园。

随着时间的推移、二胎政策的放开，越来越多的资本投入到幼儿园行业，市场和家长需求也在默默地发生着改变，幼儿园品牌林立，各有千秋，竞争更是日益激烈，越来越多的新开园面临市场招生工作难的新课题。

二、新开园为什么要开展市场营销工作

新开园的市场营销，就在这个时期应运而生。对于一所新开园而言，招生行为必须具备市场营销属性，如果单纯地为了招生而招生，那么势必会进入一个误区，不但不能起到理想的效果，往往会带来负面的影响，使新园在开园伊始就受到重创而一蹶不振。事实证明，我在介入已开园、招生不佳园所的指导难度要远远高于一所新开园。

在我指导这么多新开园的招生工作中，这也是很普遍的现象。在传统的幼儿园教育领域，由于长期处于“供不应求”的状态，园所管理者对于“营销”这一词汇，几乎是绝缘体，因此招生工作的重点也往往出现偏差，再做扭转市场的行动，只能是事倍功半了。

> 相对于其他行业，幼儿园的“教育属性”更加凸显，如何在“教育属性”特色下开展市场营销工作，是需要我们把握的重要方向！

因此，“术业有专攻”，幼儿园的招生工作势必要融入“市场”“营销”，如果观念还不能得以扭转，幼儿园依旧保持“静候生源”的状态，那么势必要被市场所淘汰。

但是，也不是所有的“营销”手段都适用于幼儿园。

在我指导的众多园所中，几乎每一次都要从“扭转观念”开始，也是从听园长诉苦开始的。搭建招生团队是件不容易的事儿，老师们一听要让她们去做招生工作，都纷纷表示无法接受，甚至直接回应：“我来这里是为了教孩子的，我是一名老师，你让我外出、抛头露面地去做招生，很抱歉，我宁可辞职！”这样的话语简直是每每必提。所以，扭转观念，要扭转的是每一位在园的工作者，上至园长、投资人，下至教师、门卫、厨工、保洁员。

对于企业体现的是存在的价值，对于有需求的人士，他们获得的是这个过程中体验到的享受和满足。

> 所以，我一般是从解释什么是“市场”、什么是“营销”入手的。
>
> 坦白地讲，要专业地解释这两个词的定义，可以单独出一本书了，毕竟我们也要尊重一下“市场营销”是一门学科。
>
> 那么从深入浅出的层面，我总结：
>
> ◎市场——就是需求。
>
> ◎营销——就是满足。

我们设定：家长为孩子选择一所高品质的幼儿园是他的需求，而我们恰恰为家长提供可以满足他们需求的环境与服务，那么为什么不能自信而坚定地告诉家长：选择我们幼儿园，就是您孩子成长过程中最好的体验。

家长有需求，我们提供满足其需求的全部条件，我们就应该大大方方地通过营销策略去广而告之，去影响和打动家长。为孩子提供优质的教育场所，为家长提供值得信赖的家园服务，这也是作为教育工作者应该肩负的使命。

> · 粗制滥造，唯利是图；
>
> · 以为随随便便就可以开一所幼儿园，并且可以赚大钱的；
>
> · 夸大园所实力、过度包装的；
>
> · 不在此列。

园所只是不会，或者说羞于推广满足需求的市场行为而已。

从另外一个角度：我们为企业创造价值，难道就仅仅是经济上的价值吗？一所招生爆满的园所，体现的难道不是每一位老师的价值吗？

试想，一所幼儿园服务300 ~ 500个孩子，和服务30 ~ 50个孩子，那对于老师的荣誉感和使命感能等同吗？哪位老师不希望自己所在的幼儿园，成为当地口碑最好的幼儿园呢？

> 当然，即使是招生工作的“参与者”“担当者”，也需要有不同的角色和分工，并不是说“全园招生”就一定意味着每个老师都要拿着招生表格，走出去，看到孩子就采集一下名单，索要一个电话，发一张宣传单页。
>
> “扫楼”“扫街”那样的“低端招生行为”，我们要说“你已经落伍了”！

自己所陪伴的孩子，可以享受良好的园所环境、接受老师优质、细心地呵护、照顾，学习符合其身心发展的园所课程，健康快乐地度过他／她最美好的3年幼儿时光，这些不都是我们创造的价值吗？

当我们分析透这个问题时，不

难发现每一位老师都应该成为招生工作的“参与者”，成为招生工作的“担当者”。

我会在后面的章节中详细讲到正确的招生方法，我个人非常提倡幼儿园招生工作是“富有教育气质的市场营销”。

我们要做的是，扭转观念，端正态度，为开展招生工作做好准备。

第二章　直面需求——要把家长需求放在首位

在介入幼儿园市场营销工作初期，无论是和直营园所的园长，还是加盟园所的投资人进行沟通的时候，我特别困惑的是：她们谈园所装修、谈课程理念、谈环境创设，就是不谈“家长”。

我深刻地意识到这是一个重大的问题：

任何市场行为，都不能脱离市场的主体——需求！

幼儿园是要做给谁的？

你在为谁提供服务？

 一、教育行业营销特点分析

既然家长有需求——选择一所幼儿园，这将是她最终要达成的目标，那么家长究竟想要一所什么样的幼儿园？

换句更直接的话来讲：在竞争日益激烈的幼儿园行业里，是选择价格具备明显竞争优势的公立园所，还是选择口碑、师资、教学一向俱佳的私立园所？是选择运营成熟、师资稳定的成熟园所，还是选择硬件条件完善的、符合孩子自由成长环境、教育理念先进的新开园所？

如果我们作为幼儿园的管理者、经营者，都不能精准地站在家长的角度去思考、去观察、去分析：他们期待的是一所什么样的幼儿园，那我们所做的一切又有什么意义呢？

所以，我们有必要先从整体上对幼儿园消费群体进行画像，判断一下他们具有什么样的“需求属性”。

 二、幼儿园顾客需求画像

1.幼儿园需求属性一：

若干年前，我在早期教育行业从事新开园运营的时候，我们有一套完善的家长需求分析。我们清楚地知道，只有符合家长需求的产品，才能让家长买单。我们会根据家长的需求，设计符合品牌特色的招生活动从而打动家长，我们曾经通过一场招生活动就创造成单200人的业绩。

> 幼儿园需求属性一：
> - 理性
> - 慢热
> - 转化周期长

可以看出几年前早期教育行业，打动家长的是“感觉”，家长达成购买的行为相对“感性”和“冲动”，我们可以通过开展一场热热闹闹的亲子活动，就会现场达成缴费、购买。

然而，这样的行为在幼儿园的招生过程中却很难实现，我们甚少会通过一场、两场招生活动，或者一两次入园体验，而让家长快速地做出选择。大多数家长反复多次沟通之后，依然会对我们的老师说“我再考虑考虑”“我再去另外一所幼儿园比较一下”“我还要回去和孩子的爷爷奶奶、外公外婆商量一下”。

在这样的心理驱动下，我们可以分析出，家长为孩子选择一所幼儿园是个非常“慢热”的过程。

他们一定要千挑万选，做充分地比较和评估，带着家庭所有的成员共同做出选择的决定。

> 在家长的心中，为孩子选择一所幼儿园，是一件非常非常慎重的事儿，是全家的“大事”，是关乎孩子的健康成长以及“未来”的大事。
>
> 所以，我们经常会看到一些尚在孕期的准妈妈们，在孩子都还没有出生的时候，就已经在考虑或考察她孩子未来的幼儿园了。

因此，基于这样的购买心理，我们幼儿园的招生活动也好，营销策略也好，一定是“慢工出细活”的过程。

是要通过每一次活动的递进，去影响家长，打动家长，让家长在一次又一次地参与中，坚定她选择这所幼儿园的信心。而不是让她每参加一次活动，又加深了一层犹豫：这所幼儿园既没打动她，也没觉得太差；或者在多次比较之后，她终于决定放弃：这不是我心目中想要的那所幼儿园；一旦家长有了这样的念头，那么我们就基本上没有机会再把家长吸引过来了。

2.幼儿园需求属性二：

我还是想将早教机构和幼儿园进行对比：从消费心理看，家长选择早教中心，“专业”并不是直接影响她选择的必要因素，打动她的可能是：国际化的环境和教育氛围、或者是一位特别特别亲切、爱我孩子的老师、甚至是因为这个品牌可以体现家长社会身份的满足感。

> 幼儿园需求属性二：
>
> ·“专业、专业、专业”，重要的事说三遍！
>
> ·对教育成果的期待。

但是，试想一所新开园的幼儿园，一个全新的品牌，哪怕是一个知名的连锁品牌，但是首次进驻一个城市或地区，仅有前面说的、高大上的环境、亲切的老师和所谓的品牌价值，唯独看不到这所幼儿园专业教育教学，这样可以打动家长吗？这显然是不可能的。

> 家长选择一所幼儿园，一定会更关注孩子在幼儿园的3～4年，是否能享受到专业的教育。
>
> 当然，这里的“教育”显然不是指教孩子念书、识字或者加减乘除，而是指培养孩子良好的行为习惯和规则意识；掌握基本的生活和学习技能等。

因此，幼儿园的老师是否有专业的教学工作背景、是否是专业院校毕业的、幼儿园使用的教材和教案、甚至园所的教育目标，家长都要问个一清二楚，虽然他们并不一定真的听得懂，但是他们一定会问：“你们幼儿园都教

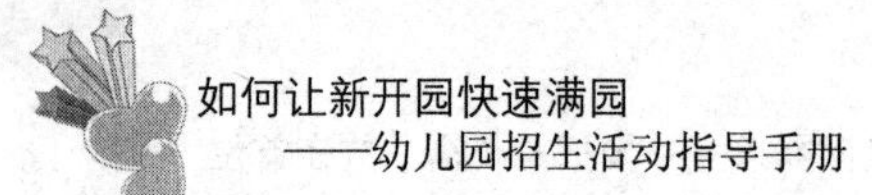

孩子什么啊？怎么教啊？孩子都能学什么啊？”那是因为家长更期待能看到孩子在幼儿园接受教育成果的显现。

因此，在园所招生工作的过程中，应当处处体现园所专业教学水准、专业的教材教具、专业的教学区角及环创理念、专业的师资背景，这些一定是我们首先要向家长展示的，只有这样才能真正地打动家长，获得家长的信任。

3.幼儿园需求属性三：

在做早期教育行业的时候，有数据统计分析：一家早教中心25%～30%的新生来自口碑相传的转介绍。

然而进入到幼儿园的领域，我们会发现这个数据更大，基本上是50%以上，甚至我了解到有的园所达到了80%左右。

> 幼儿园需求属性三：
> - 口碑影响力；
> - 口碑双刃剑；
> - 据说：每一个人都能影响到250个人。

通过数据的分析，我们会看到，家长在选择一所幼儿园的时候，一定会进行全方位地咨询，家长可能还没接触过我们的老师，还没有机会走进我们的园所，甚至都还没具体地进行了解，但是她一定会在周围的亲朋好友中询问“哪所幼儿园比较好啊”“你听说过××幼儿园吗？她们怎么样？吃的好不好啊？老师好不好啊”“你家孩子在哪里上幼儿园啊？你们孩子上的那所幼儿园环境怎么样啊”等。

不难看出，幼儿园的口碑和影响力是多么的重要！

我们在新开园阶段，当你的园所还不具备基本的口碑影响力、传播力时，就要考虑在每一次品牌露出、每一次面对家长、每一次展示我们的招生活动或教育、教学活动的时候，我们能不能影响到每一位家长，让他们慢慢形成良性的口碑传播。

口碑传播是一把双刃剑。

我们每一次招生活动，首要考虑的就是我们是否达成了“良性”口碑传播的效果和结果，每一个细节都要给人留下良好的印象。

> 新开园在做招生活动的时候，有机会走进社区、商圈或其他公共场所，那里过往的人群，可能并不是我们直接的目标家长群体，可能是：
>
> 进出买菜的老人；
>
> 打扫卫生的保洁员；
>
> 社区的安保人员……
>
> 不论是谁，都一定是口碑的传播者。那我们展示出来的专业素质和品牌形象，直接会影响到每一位口碑传播者。

那么同理，如果我们没有做好充分的准备，贸然开展一场招生活动的时候，混乱的过程造成负面的口碑传播，对新开园来说也一定是致命的。

4.幼儿园需求属性四：

这一属性在教育行业里最为明显，达成缴费购买行为的是父母，甚至是祖父母、外祖父母，而接受我们服务、享受服务过程的是孩子，所以我也会经常这样提问：“那么我们的招生活动、招生行为，究竟是做给家长的，还是做给孩子的？”

每次问到这个问题，绝大多数听众会回应我：“是做给家长的。”

> **幼儿园需求属性四：**
> - 影响的群体多样化；
> - 接受服务的群体和购买服务的群体不一致；
> - 选择幼儿园的是父母，甚至是祖父母／外祖父母，而来幼儿园享受服务的是孩子。

那么我会接着问：“那家长通过什么来判断这是不是我要为孩子选择的幼儿园？”答案也是一致的：“一定是在活动中家长看到自己孩子的表现。”

所以我们的招生活动也好，入园体验也好，活动各环节的设计一定要让家长在这个过程中看到孩子的状态和表现，感受到孩子是不是积极投入到活动的过程中，体会到孩子在其中的快乐。

我在指导园所招生工作的时候，经常可以看到园所的招生活动做得热闹非凡，家长在活动中玩得热火朝天，活动的设计也有很多大场面，看似表现了园所品牌的实力，但是恰恰忽略了我们活动的真正主体：孩子！我们的孩子成了活动的“观摩者”，根本没有互动的机会。

> 幼儿园的招生活动，一定要和孩子有互动！
>
> 要让孩子在这个过程中有所表现，无论在这个过程中孩子的表现能不能做得到、做不做得好，都是我们园所可以和家长进行教育、教学指导的机会。

有些园所更是以展示老师风采为主，组织的好像春节联欢晚会一样，把老师打造成“专业舞蹈、歌唱、甚至魔术演员”，我不否认这样做确实可以让家长看到我们老师的多才多艺，但是这样的活动形式，更适合在园所里进行庆典的时候开展，显然不适合作为招生活动的形式，尤其不适合新开园的招生活动。

所以一定要设计可以和孩子互动的活动环节，让家长可以看到孩子在过程中的表现，最后一定有一件作品可以让孩子带回家，带走可以留下记忆的作品，让孩子对幼儿园印象深刻。

通过上面洋洋洒洒的一大堆文字，我不知道是不是清晰地把家长选择幼儿园的需求进行了画像？

这也解释了很多园长困惑的：“为什么园所特别投入地做了一场又一场招生活动，却没有实际效果？甚至到后期来参加活动的家长越来越少，到最后报名的人数非常不理想，都不知道问题出在哪里？！”

那是因为：“你做的，不是家长想要的！”

综上所述，容我来做个“总结陈词”，言简意赅的一句话：

我们只有了解了家长选择幼儿园的需求，并且正确面对家长需求的基础上，适当地开展招生活动，才能成为好的、有影响力的、打动人心的招生活动，才是新开园招生活动策划的正确打开方式。

第三章　知己知彼——新开园市场调研不容忽视

写下这个题目的时候，我默默地沉寂了三分钟，有点无从下笔的感觉（此处有一脸呆萌的表情）。

一声叹息之后，我还是坚定而坚决地强调：新开园的市场调研不容忽视！不容拍脑门，不容想当然，没有调研就没有发言权！

那么调研什么？

怎么调研？

调研的结果干嘛用？怎么用？

且听本章详解……

一、调研第一项：了解你的竞争伙伴

每次和新开园投资人或园长探讨她的新开园时，我们经常会进行如下的对话：

问："您做市场调研了吗？"

答："做了啊！"

问："怎么做的啊？"

答："我了解了一下什么什么……"

问："是特别详细、全面的市场调研吗？"

答："不是特别详细吧，可能没有那么全面吧……"

问："园所周围三千米的竞争园所，您都亲自一一拜访了吗？"

"是以一位迫切的、想为孩子选择一所幼儿园的家长角色进行拜访的吗？请园所的老师做详细的介绍了吗？老师的介绍打动你了吗？"

"本地收费最高、口碑最好、满园的幼儿园去参观过了吗？她们好在哪儿？贵在哪儿啊？"

"本地招生不佳的园所去过了吗？她们为什么不好啊？"

"有没有在家长接孩子的时候，在园所门口和等待的家长聊聊天啊？家长对这所幼儿园满意吗？"

"走访调查过之后，我们的园所和别人的幼儿园对比，优势是什么啊？劣势是什么啊？"

答：……

好吧，那我们从新开园市场调研承载的重大意义开始吧！

> 新开园前期针对竞争园所详尽的市场调研结果，关乎制定园所的定位、定价、招生策略、开园目标等方向性决策；
>
> 有助于梳理园所竞争优势，彰显园所特色，扬长避短；
>
> 精准地整理招生话术和园所参观指引路线。

我在指导异地园所招生工作的时候，到达当天，一定要去园所三千米范围内的竞争园所进行走访，一般一天不少于五所园，根据时间和实际情况，我一定会去：当地最贵的园所、招生最好的园所、本地口碑非常不错的园所、比我们园早开3 ~ 6个月的园所。

我会先给自己心理暗示，把自己调整成为一名有真正需求的家长：我是一

个三岁孩子的母亲，我要为我的孩子选择当地最好的一所幼儿园，在心中默念三遍。只有这样，你才能真实地去感受，也才能真实地得到你想要的信息，然后就以这样的身份走进园所，认真地去看、去问、去听。

我还会找机会和送孩子、接孩子的家长咨询，他们很愿意对我说实话：

“这家幼儿园很不错，把孩子送来吧！”

“至少我孩子在的那个班级，老师特别稳定。”

“他们园伙食特别好，关键是价格便宜！”

“我觉得一般吧，我其实就是图个离家近。”

“这已经是最好的了，虽然我还不是特别满意，但是没有更好的了。”

然后我会问自己：“这所幼儿园你满意吗？你现在愿意把孩子送来吗？什么地方最打动你？什么地方让你想转身离开？”

一遍下来之后，我基本上可以判断出：这是不是一所对我们有竞争力的园所。对比出我们竞争的优劣势分别是什么，哪些方面可能成为我们未来招生工作的关注点；走过几家园所之后，我对我将要指导的新开园园所特色、定位、定价、开园政策、招生策略、开班目标，基本上做到心中有数。

只有做到知己知彼，我才敢进入到下一个环节的工作。

“内行看门道，外行看热闹。”这所幼儿园能不能从看热闹的层面，让家长看到了“热闹”，这一点很重要。

幼儿园的环境主体一定是孩子，园所环境的创设是不是突出了孩子？如果一所幼儿园进去之后，看到的满满的都是孩子稚嫩的作品，孩子纯真的笑容，那作为参观园所的家长，是很容易被打动的。

看什么：

- 园所整体环境是否特色鲜明；
- 是否有教育、教学成果展示；
- 班级环境创设有没有体现孩子是主人；
- 老师是否够亲切或者“看上去”够不够专业。

然后看特色，是否能从公共环境、教室环境大概判断出这个园所的教育、教学特色是什么，是不是足够突出？

还要看：教室空间够不够大？设施、设备够不够安全？老师的态度和表情够不够亲切和友善？

问什么：

- 收费标准：保教费、生活费、餐费、一次性用品费……
- 多少个班、每个班多少个孩子、多少位老师？
- 都有什么特色课？是否单独收费？
- 以及作为一位为孩子挑选幼儿园的家长所有你想问的问题。

举个例子：

在指导一所新开园的时候，我走访了当地口碑不错的一所幼儿园，也是当地收费比较高的园所。进去之后，我深深地被打动和吸引了：园所特色太鲜明了，整体环境创设非常的细致，满满看到的都是孩子的作品；但是我也看到了不足：教室面积太小，背阴，教室采光不好，操场面积也很小。

针对这样的竞争品牌，如果我们没有细致地进行调研和参观，很容易在接待家长的时候暴露自己园所的短板：新开园的环境创设，在体现孩子教育、教学成果方面，显然是没有优势的；办园特色也远远不如已开园所那么鲜明，甚至都没有办法呈现孩子笑脸的照片。如果你一味地和家长讲“我们什么什么特色、我们怎么怎么教学”，显然是不能打动家长的。

那么我们就要取长补短，和家长介绍：“您看，我们有80平米的大教室，全部朝南，孩子每天在充满阳光的教室里快乐生活；我们还有超大的操场，所有的幼儿园里我们的操场是最大的，充分满足了孩子每天的户外活动和奔跑的需求；除此之外，我们还有一个风雨操场，在恶劣的天气，我们依然可以满足孩子的运动需求……”

“我们是新开园所，我们园所环境在等待着第一批入园的孩子和我们一起布置，因为环境即教育，孩子才是环境的主人，我们期待这些孩子们自己布置属于他们的教室环境……”

这样下来，是不是起到了取长补短的效果？不要用新开园的短板，去碰撞成熟园的优势，那你显然是没有胜算的。

在看的过程中，我们要思考、对比、分析，从而取长补短。

在走访的过程中我发现，有些园所在收费这个环节设计了很多的“门道”，看似保教费不高，但是七七八八还有很多收费：空调费、取暖费、辅助教材费等，这样算下来，一个月也要多出一些费用，所以收费明细要问清楚。

在这个环节，重要的不是你要问什么，关键在于你要怎么“听”所有听到的内容，然后整理园所优劣势的关键信息。

很多时候，我们人为地为自己可能面对的困难制造了更多的障碍，我们假想了很多的不可能。但事实上，我们在走访竞争园所的时候会发现：我们所有想象的障碍，似乎在人家的幼儿园里并没有出现，那么问题出在了哪里？

我认为是：抛开目标可实现的难度，你究竟为达成目标做了什么？

二、调研第二项：了解你的潜在顾客

前面一个章节我们把家长选择幼儿园的需求做了剖析，那是从幼儿园业态整体的市场需求层面做的分析，但是针对每一所新开园，还要更进一步地做更详细的家长需求调查。因为，即便是同一座城市，在不同的区域、生活环境下，家长对选择一所幼儿园的需求，也都是不一样的。

如果不能够准确地了解家长的需求，贸然开始招生活动，那很可能你的招生活动家长根本不买账，或者很难一下打动人心。

举个例子：

在刚接某个新开园的时候，投资人和园长希望把这所园打造成英语特色园所，并且预设了他们期望的一个收费价格，我坚持先针对这个市场做家长需求的市场调研，并且提出了样本量不得少于200份。

于是我们开展了一系列的市场调研活动，同时也是第一次品牌露出的行为，我们集中了两天的时间，采集到200余份有效调查问卷。

通过对问卷地分析，我们发现：这个区域的家长在“幼儿园教学特色”的8个选项中，英语排在倒数第三位，80%以上的家长首选了“思维训练”。

在和多位家长沟通之后，我们发现这个区域历年的数学高考成绩都是非常突出的，可以分析出家长潜移默化地更看重孩子在思维、逻辑性方面的训练和培养。

面对这样的结果，我们一致通过了这所园办园特色为“科学探索”，并且在以后的一系列招生活动中都围绕这个方向设计展开，事实上也取得了一定的成果。

如果我们没有做这样的调研，没有去分析家长的需求，仅仅从投资人或园长的角度把这所园定位为英语特色，也很难说就不一定成功，但是一定不比现在的结果好。

所以，我们需要结合园所的实际情况设计一份调查问卷，包括受访者信息以及你想要获取的内容，内容不宜太多，一般一页A4纸排满即可。

调查问卷的内容很容易设计的，选项也可以根据当地实际情况自行设计，总之一定要具备采集意义的内容，可以从样本数据里获得你想要分析的信息。

调研什么？

- **受访者信息：**
  孩子出生日期、与孩子的关系、受访者年龄段、孩子是否已经在园。
- **受访者对选择幼儿园的期待：**
  您为孩子选择幼儿园时关注什么？
  您期待孩子在幼儿园得到哪些方面的提高？
  您希望幼儿园里开展哪些特色教学？
- **受访者消费观：**
  您可以接受的幼儿园收费标准是多少？
  除了幼儿园之外，您在教育上的投资每个月是多少？
- **竞园调研：**
  您熟悉的本地幼儿园品牌有哪些？
  据您了解，您认为目前最好的幼儿园是哪所？它什么地方最吸引您？

一般而言，家长调查问卷的采集的关键点就是：样本量和有效性。

首先你要找到我们潜在目标群集中的区域，把家长调查问卷的采集设计成一次品牌露出的活动，让家长可以认真地坐下来填写他们真实的需求。

然后，你需要在不同的区域、使用不同的形式采集数据，有效样本量不能少于200份。

怎么做？

可以进行调研的形式：

- 线下：社区物业、商圈、母婴机构、儿保所等。
- 线上：线上调查问卷平台，例如：调查派。

家长调查问卷采集活动案例：

行动一：

地点：园所所在社区售楼处

时间：周五、周六、周日三天

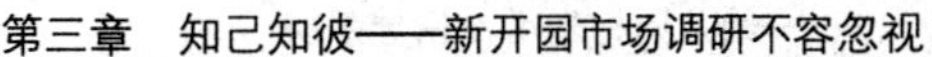

时间	内　　容	准备事项
提前一周	售楼处张贴"××幼儿园即将开园，你的幼儿园你做主"活动预告	调查问卷印制、海报设计制作
	物业配合在业主群发放活动通知，告知活动时间、地点及参与方式	微信内容编写
提前三天	活动参与人培训：彩排演练与责任分工	活动话术，关键问题统一回复话术
提前一天	活动区域布置、物资物料准备	品牌露出文件制作（易拉宝、园所宣传单页等） 咨询台、活动桌椅等活动物品 参与活动家长手礼
活动当天	引导家长正确、完整填写问卷	解答家长问题，并做好登记 感谢家长参与，赠送手礼
活动结束	整理活动场所环境及物品	活动总结，针对当天活动产生的问题进行整理，汇总问卷资料

家长调查问卷采集活动案例：

行动二：

地点：园所周边某大型商场母婴品牌店

时间：周六、周日两天

时间	内　　容	准备事项
提前一周	店内张贴活动预告海报	调查问卷印制、海报设计制作
	商家群发活动微信	微信内容编写
提前三天	活动参与人培训：彩排演练与责任分工	活动话术，关键问题统一回复话术
提前一天	活动区域布置、物资物料准备	咨询台、活动桌椅等活动物品 参与活动家长手礼
活动当天	引导家长正确、完整填写问卷	解答家长问题，并做好登记 感谢家长参与，赠送手礼
活动结束	整理活动场所环境及物品	活动总结，针对当天活动产生的问题进行整理，汇总问卷资料

家长调查问卷采集活动案例：

行动三：

地点：同步推送线上调查问卷（调查派）

时间：持续一个星期

设计线上调查问卷

编辑微信，推送微信

利用所有可以利用的公众账号和线上媒体进行推送

每天在后台搜集汇总数据

问卷采集工作结束后，需要对每一项统计数据进行汇总，并做出分析，结合分析结果做出判断。

家长调查问卷采集分析示例：

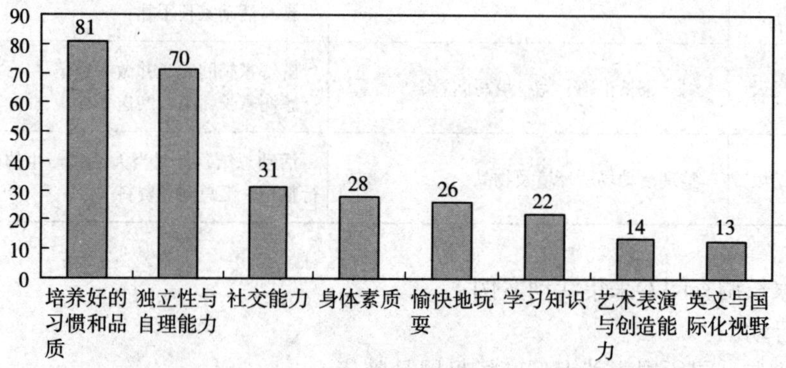

您期待孩子在幼儿园得到哪方面的提高？（最期待的三项）

分析：相对于学习知识与技能，家长更注重孩子良好习惯、独立、自理能力的培养，这对我们新开园所打造园所特色、向家长进行讲解说明提供了很好的依据。

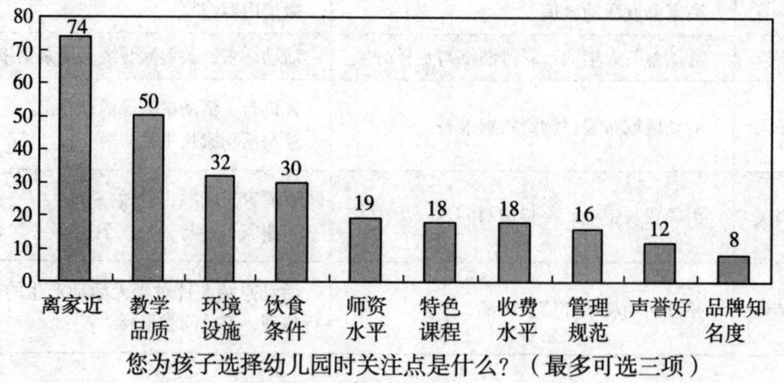

您为孩子选择幼儿园时关注点是什么？（最多可选三项）

分析：选择幼儿园离家近是硬道理，除此之外教学品质和园所环境是家长比较看重的，对于刚入驻区域的新开园所，家长对品牌的看重不是很高。

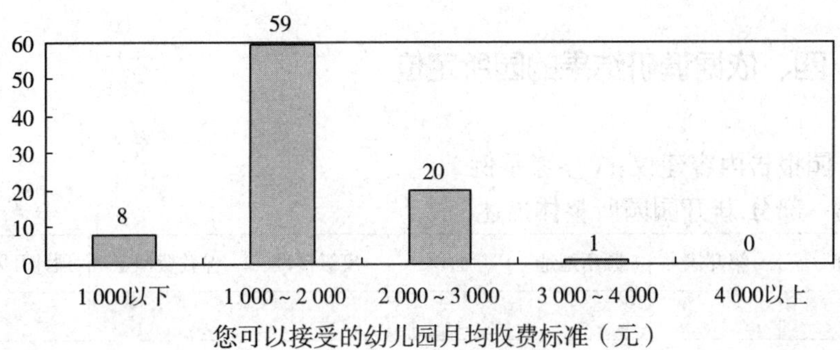

分析：本区域家庭可以接受幼儿园的收费标准介于1 000 ～ 2 000元之间，家长对园所的收费标准非常敏感；这个数据对于我们新开园价格政策的制定有一定的参考价值。

三、调研第三项：了解你园所的周边环境

针对园所周边3 ～ 5千米的社区覆盖、居住环境、人口密度等内容进行走访和调研，也是必不可少的。这可以让你清楚地了解园所能覆盖到的体量有多大，也就是我们的“养鱼池”究竟有多大？

举个例子：

我在某个一线城市、某个城区做调研的时候发现：我们这所新开园处于城区的新区边缘位置，附近两个社区都属于新型社区，一个社区楼盘一期售完但是尚未全部入住，入住率不足30%，二期尚在销售中；另一个社区属于当地农民回迁用房，一共只有900户，而这其中有很多是一家多套住房。

那么分析的结果显示园所3km范围的人口密度不高，我们的“鱼池”明显不够招生预期。

针对这样的结果，我们拓宽了招生区域的范围，招生活动的开展也开拓到5 ～ 7km的范围，以此来吸引更多的顾客群体。

当园所品质对家长而言，有足够的吸引力时，家长也愿意尝试把孩子送到稍远一点的幼儿园，他们更期待孩子在幼儿园里受到良好的教育。

以上内容全部完成后，是不是有种“知己知彼”“游刃有余”的感觉了？

调研结束后，结合分析结果，完成一份书面的开园报告，制定后续一系列的开园招生活动。

四、依据调研结果的园所定位

开园报告内容建议：（参考示例）

第一部分 新开园园所整体描述

城市	第几家	园所地址	面积	班级预设	保教费预定	预计开园时间
背景描述 园所区域特性 园所周边情况 当地幼儿园情况						

第二部分　社区分析（不少于3个）

	调研内容	采集描述
社区名称	目标群体数量预估	
	新生儿出生率	
	收入水平	
	消费水平	
	教育消费能力	
	入园收费心理预期	
	对品牌的认知	
	家长对教学的期待	
	社区内可利用品牌露出	
调研者分析		

第三部分　竞争园所分析（不少于3家）

	调研内容	采集描述
园所名称	基本情况	开园时间
		园所背景
		园所性质
		直线距离
	园所现状	开班数
		在园数
		是否满园
	收费标准	保教费
		伙食费
		特色课程
		生活用品
		其他
	办园特色	
	家长口碑	
	师资及教学水平	
调研者分析		

第四部分　家长需求调查数据分析

对家长调查问卷采集的数据进行分析

第五部分　园所定位与价格政策

园所定位	办园特色建议	
价格政策	收费定价	
	开园优惠	
	特殊政策	
	新生奖励	

第六部分　制定新开园招生目标

招生目标	承诺目标	
	挑战目标	
考　　核	考核周期	

第七部分　新开园招生工作行动计划

第八部分　招生活动策划

第四章　运筹帷幄——新开园各阶段招生工作如何开展

经过前面三章的各项准备工作，

我相信大家已经有种跃跃欲试的感觉了，

迫不及待地想要投入到热火朝天的招生工作中了……

因为我们无论从思想上，还是基于实际市场调研的各项分析上，都做了充足的工作，接下来我们可以运筹帷幄，一步一步按部就班地开始我们的招生工作了！

在每一个正确的时间，做正确的事。

前面说到过，幼儿园招生工作是个慢热的过程，家长选择幼儿园是非常理性的，所以我们的招生活动一定是循序渐进、按部就班、潜移默化、一步一步地吸引、打动家长。

招生工作的四个阶段：
- 筹备期——造势　奠基品牌认知
- 预热期——借力　渠道资源的有效利用
- 招生期——走出去　吸引关注的高品质招生活动
- 试开园期——迎进来　打动家长、留住孩子

让家长从最初的观望、到愿意参与我们的活动、到带着孩子进园来参观园所的环境、体验园所的课程、感受老师的专业、再到最后深深地爱上这所幼儿园，哪怕这所幼儿园距离远一些、价格贵一些，家长也觉得把孩子送到这所幼儿园是非常值得的！

这一结果取决于我们每一次招生活动、品牌露出的品质和细节，以及带给家长和孩子的愉悦感受。

一、筹备期——造势　奠基品牌认知

筹备期的定义一般是指：确定好园址之后，园所在工程阶段，但是我们园所的品牌露出和招生准备工作就可以同步启动了。前面说过，家长选择一所幼儿园，从认知到决策，是一个慢热的过程，而我们新开园所的招生工作显然不能等到园所装修完成以后，再开始策划、推动，那就会错过影响家长抉择的关键时期。因此，招生工作的筹备和准备应当在园所装修阶段就要开始着手了，一般而言应该是园所正式开园前6个月的时间。

筹备期需要开展的工作：
- 详尽的市场调研；
- 结合需求与竞争分析，完成开园报告；
- 确定园所定位及开园价格及政策；
- 制定阶段性招生目标；
- 品牌宣传文案与营销工具准备；
- 初步的品牌露出。

那么这段时间，我们要筹备什么？要起到什么样的效果？

1.执行市场调研工作：依据上一章节详尽的市场调研方式，开展市场调研工作，完成调研报告。

2.规划园所定位及办园特色：依据调研结果，综合园所实际情况确定初步

的园所定位及办园特色规划，这些也有助于后面品牌宣传、招生话术以及新开园的环境创设。

3.制定价格政策：对比竞争对手，制定开园价格政策，以及新生入园优惠政策。

4.制定阶段性招生目标：一般而言，3月开园的招生季要以3 ~ 4个班为目标。9月开园的招生季以4 ~ 6个班为目标。当然，也有些个别地域正好相反，3月招生季是每年的报名高峰，这一点要依据园所所在城市的实际情况制定。

5.宣传文案：结合园所初步的定位和特色，准备园所宣传文案：园所背景、办园特色、师资等，用于各种宣传手段及宣传话术。

6.准备与招生相关的营销工具：宣传单页、折页或宣传手册；易拉宝、门型展架；招生横幅、宣传展板；工程围挡；招生iPad：内置园所信息、食谱、园所规划、教学等家长感兴趣的内容，便于家长不能参观园所时，可以直观地感受到园所的品质；申请教育咨询电话：务必申请一部手机，确保24小时开机，可以接听咨询电话；申请微信公众账号：如果园所办学许可证的办理还需要时间，可以先申请个人订阅号，但是一定要避免个人订阅号申请人及注册电话或邮箱不会因为个人的变动而造成后续的使用困难，这是很麻烦的事；家长咨询登记表：认真做好每一个咨询信息登记，并确保有效和准确性。

日期	咨询方式	宝宝姓名	出生年月日	联系人	联系方式	居住区域	咨询关键字	获知途径	预约到访时间

以上表格中的内容都是很重要的数据信息，要确保每一项的认真填写：

★咨询方式是指家长对园所的咨询方式，包括但是不限于：电话咨询、现场到访、邀约。

★获知途径是指家长咨询时获知园所的途径如：微信、朋友圈、电视、社区活动、家长介绍、问卷调查等。（此部分内容填写至关重要，数据直接关系到招生活动的效果分析和评估）

★咨询关键字为家长咨询过程中，做决策时最关心的问题：课程、教师、环境、教学效果、距离远近、安全、价格、饮食等。（这部分内容会帮助我们进一步完善和改进招生话术）

★居住区域：可以帮我们判断出潜在生源的分布区域、地址位置和路途远近。

★预约到访时间：对电话咨询的家长，填写其预约到访的时间；对现场直接来访的家长，填写其预约报名的时间。无论是电话咨询，还是现场到访，如果家长都尚未报名缴费，我们都要进一步地对家长进行邀约，让家长进一步体验。

7.品牌露出：

通过各种形式实现品牌露出：

××幼儿园 盛大入驻 即将开园 敬请期待 教育咨询电话：××××

××幼儿园 即将盛大开园 预报名登记中 教育咨询电话：××××

……

可以进行品牌露出的形式：工程围挡、园所周边路口广告牌、园所周边站台广告、园所周边社区物业公示栏……

根据园所实际情况和预算，尽可能多地进行品牌露出。

通过这样的宣传，让家长关注到即将有所幼儿园要开园招生了。

二、预热期——借力 渠道资源的有效利用

预热期的定义一般是指：园所工程尚在进行中，还不具备参观园所条件，招生工作不能停滞和等待，开园前3～5个月就要着手进行招生活动的预热了。

预热期需要开展的工作：

- 搭建招生团队并明确分工
- 招生阶段激励政策
- 梳理招生话术与演练
- 进行渠道、品牌、异业合作，借力宣传
- 做好潜在生源信息记录与存档
- 制定招生计划与工作排期

1.搭建招生团队，明确分工

搭建强有力的招生团队非常重要，虽然说在开园阶段，园所的每一位成员都要参与招生工作，但是在招生工作中的责任分工还是要细化、明确、各尽其责。

一般来说，预热期阶段的招生团队3～5人即可。

招生主任：全权负责招生工作的策划、安排与执行，对招生目标及招生结果负责；

选拔建议：形象气质佳，有过教育行业招生工作背景或其他行业营销工作背景，擅长与人沟通，有较强的目标意识，会使用互联网营销工具。原则上这个岗位不建议园长担任，园长可以主抓招生工作，但是在招生过程中，最好不要亲自接待家长，以免在后续园所管理工作中出现隐患。

教育顾问：1～2人，配合招生主任完成招生活动的执行；负责家长接待及解答家长问题；负责潜在生源信息的整理与跟踪，做好潜在家长沟通与

维护。

活动老师：2～3人，负责招生活动中涉及专业教学水平的展示环节；负责Demo课（样板课）的呈现；负责活动材料的准备等。

2.招生阶段激励政策

既然是招生团队，并且承担招生指标，那么针对招生的激励政策也是需要提前制定，并与招生团队达成共识的。

一般而言，招生激励政策可以按招生目标阶段性制定，例如：

1～50人：×××元

51～80人：×××元

81～100人：×××元

奖励的分配也可以按直接达成人数奖和招生团队奖两种形式。

在目标制定合理的前提下，奖金的分配也一定要起到激励的作用。

3.梳理招生话术与演练

关于招生话术的梳理，绝对是招生工作最具有“技术含量”的工作了，也是直接影响到招生结果的重要因素。

同样一个问题，当家长问到的时候，不同的解答方式必然会起到截然不同的效果。

梳理招生话术也是充满“智慧”的工作，同时也是需要长期经验积累形成的结果，所以在这个环节，我会着重描述，还是先来举个例子。

举个例子：

在新开园阶段，家长经常会问到的问题：“你们幼儿园刚装修完，是不是有味道啊？有没有甲醛啊？会不会影响到孩子的健康啊？”

一般园所常态的回答是这样的：“家长您好，我们幼儿园用的装修材料都是环保的……”“我们装修完都开窗通风、进行环境治理的……”“我们园所请了专业的机构做了《空气检验报告》的，您看这是监测结果……”家长：“我不看这些，你们找的机构都是有关系的，这报告根本没用！”

园所：……

更好的回应话术是这样的：

（面带笑容，微微侧身，用特别亲切温柔的语言，轻拍着家长的肩膀……）

“家长，您好！特别理解您在为孩子选择一所幼儿园的时候，孩子的健康、安全是您首要考虑的因素，也特别理解您对一所新开园关于装修气味的担忧。换了是我，也一样会担心这个问题。

但是家长，您担心的是您自己的一个孩子，而我们作为幼儿园的老师，关心的是几百位孩子的安全和健康，同样也关心着我们几十位老师和工作者的健康和安全。

作为一所幼儿园，一个教育的机构，如果连这最基本的保障都不能做到的话，那我们也不要做下去了，如果真有什么问题，那对于我们幼儿园品牌，也是致命的打击。

因此，我们不但全部使用的环保材料和产品。（列举一些材料的品牌）

装修之后，还对园所进行了环境治理。（出示治理报告）

我们还邀请了专业的机构进行了环境检测，为我们出具了具有法律效力的CMA检测报告。（出示检测报告）

并且我们还将邀请10位家长朋友，在专业机构来园的时候，共同见证我们园所的二次空气检测。如果您想参与见证的话，一会儿您可以留下信息做个登记。”

家长：……

以上这个例子想要强调的是：家长想要问的问题，有时候并不是真的要某个特别深度的解释。就好像我们女性去购物，当你看上一个皮包时，你可能会随口问到：“这是真皮的吗？”那你需要获得的答案，会是销售员向你详细地解释“这是牛身上的第几层皮吗”，显然不是，你所希望听到的一定是销售人员对你说：“这个皮包是真皮的，它太符合您的身份了，简直就是为您定做的一样，你背上的效果是我看到的、最好看的……”

其实家长要的也是你与她拉近距离的亲切感。

所以，招生话术的梳理一定是根据园所的切实情况，先把家长可能关注的问题一一列出来，然后招生团队针对每一个问题进行演练，最终达成一个可以完美解释、并且打动家长的答案，形成标准话术。

招生话术常规梳理可以参考以下几个方面：

（1）园所品牌话术：依据园所品牌背景，包括园所品牌历史、品牌实力、品牌影响力等方面的梳理。

（2）园所特色话术：依据园所办园特色、办园理念、特色教学或者特色课

程进行的话术梳理。

（3）园所课程话术：依据园所的教育教学和园所使用的教材教案、师资培养等内容的话术梳理。

（4）园所环境话术：依据园所公共环境、教学环境、特色教室等有关环境的话术梳理。（这部分内容，可以与下一章节中“园所参观指引路线”一同设计）

（5）园所其他话术：除了常规话术以外，依据本园所一些客观存在、家长可能会关注的个性问题特别梳理的话术，例如：

园所位置比较偏远，家长会问到：交通不方便。

园所外围大环境有工程施工，环境脏乱，家长感觉不安全。

园所周边幼儿园较多，竞争非常激烈，家长会询问一些与其他竞园比较的问题。

新开园收费价格也是家长非常敏感的话题，针对园所收费情况的话术梳理。

某个时期曝光的、关于幼儿园的负面报道，家长会特别关注：比如毒草坪事件。

当话术全部梳理完成之后，还有一个很重要的环节：模拟演练，我们要确保话术不是冷冰冰、死记硬背下来的文字语言，而是要成为和家长沟通交流非常顺畅的口语，在解答家长咨询问题的时候，让家长感受到：自然、舒适、没有距离感。

4.借力：进行渠道、品牌、异业合作

当一所全新的幼儿园进入一个区域市场的时候，显然以我们“势单力薄”的品牌影响力，很难占有一席之地，那么这个时候你要做的就是：借力。

利用其他具有影响力的品牌进行招生宣传或者招生活动。

在这个环节你要掌握三个原则：

（1）“你想成为谁，就和谁在一起”。

品牌合作一定要旗鼓相当。

（2）“不能单纯地为他人做嫁衣裳”。

品牌合作，我能获得什么？

> **可以开展品牌合作的机构和场所：**
> · 社区、物业、居委会；
> · 小区开发商、售楼处；
> · 周边商圈母婴业态、儿童活动场所；
> · 妇幼保健院；
> · 周边高品质异业品牌；
> · 大型企事业单位、人事部或工会；
> ……

举个例子：

曾经指导过一所周边环境不佳的园所，附近并没有非常合适可以开展招生活动的场所，我们的招生老师非常努力地在扩建可以合作的品牌。有一天，她给我打电话："杨老师，我终于联系到一个商家，愿意放我们幼儿园的易拉宝。"

我还挺为她的努力而感到高兴，然后我问她："你把我们幼儿园的易拉宝放在哪里了？"

她回答我："在一个地下超市的二层，一家卖童装的小店铺里。"

于是，我很冷静地鼓励了她，并且说："麻烦你再把我们的易拉宝背回来吧！"

试想，如果我们的幼儿园属于比较高端品质的新开园所，当我们的潜在用户、我们的家长或者任何一个口碑的传播者，在一个地下超市的小店铺里，瞄见我们的品牌，那她的感受如何呢？是不是会留下这样的印象：这所幼儿园品质一般，或者不过如此。

我也曾经指导过某些幼儿园，我们合作过保时捷、宝马、路虎汽车等高端品牌，我们在他们的4S店内进行过品牌合作的活动，并且在店内持续陈列幼儿园大型宣传的展板。

那么，试想当有顾客购买这些高端品牌汽车的时候，看到我们幼儿园品牌露出的广告，是不是可以有这样的同比心：这所幼儿园是高端幼儿园，是值得关注的；当他周边的朋友有选择高品质幼儿园需求的时候，他是不是可以推荐说："我知道一所幼儿园，感觉还不错。"

事实上，我们有一次和某高端汽车品牌合作：针对他们的用户开展了一场亲子活动，他们邀约了30组家庭，现场全都报名我们的幼儿园，而我们幼儿园邀请了10组做开场表演的宝宝家长，现场购买了两辆汽车。

这就是同等品牌品质带来的消费价值需求的一致性。也是我想强调品牌合作的时候，要确保品牌品质上的匹配度。

举个例子：

我曾经看到过某个筹备期的幼儿园热热闹闹地和当地一家绘本馆开展了亲子活动。利用绘本馆的场地和生源，本来是个还不错的点子，问题在于活动过程中，幼儿园基本上没有做任何品牌露出的准备。整场活动结束后，幼儿园在准备推送宣传微信的时候才发现，一张标有幼儿园Logo的照片都没有，我相信来参加活动的家长没有几个能记住这家幼儿园的。

还有某个园所开展入园体验活动“新年市集”，有个机构说要赞助产品，于是他们大张旗鼓地在幼儿园里摆起了品牌展架，让我们家长现场扫码，但是仅仅赞助了不足2元的小玩具，降低了幼儿园的品牌品质。

这样的案例还真是不少见，所以，我们在思考活动的时候，一定要考虑这种活动开展的价值和意义是什么？

我认为至少要实现以下两个目的：

1. 品牌露出：让参与者认认真真地记住了我们幼儿园的品牌。

2. 获取名单：采集了可能成为我们入园新生的名单信息，至少这些信息可以进行入园活动体验邀约。

（3）“关系不是一天就能建立起来的”。

与人打交道需要彼此产生信任的过程和时间，不要“用人朝前，不用人靠后”。

举个例子：

在新开园阶段，我们想要开展品牌合作或者招生活动的时候，前期关系的搭建不是件容易的事情，我们往往会在接洽的过程中遇到障碍：

“我们社区已经有幼儿园了，我们不再引进别的幼儿园做活动。”

“我们社区正在搞精神文明建设，不能贴海报，不能挂横幅，更不能做活动。”

“做活动？可以啊，您得支付一定的费用。”

“用我们的场地做活动，那你能给我们带来什么好处呢？”

……

在这里，我想说：与人打交道是需要时间互相了解和熟悉的，是需要逐步获得信任的过程。我们前期进行陌生拜访的时候，被拒绝的可能性很大，或者对方要和我们谈谈“条件”。

所以，我建议如果这个机构、这个社区，是我们招生活动非常重要的区域，那我们需要慢慢地建立关系，从电话预约拜访，到见面认识，到适当地发送一些园所活动品质的内容（如宣传册、信息等），以我以往的经验，最终一定会有时间点或者契机达成合作的。而且，往往这样的合作有效性非常高。

当然，这样的关系一旦建立起来，一定要适度地保持沟通和联系，不要让对方感觉到我们不再需要他的帮助，而从此成为陌路，因为你不知道会在什么时候，还是会需要得到对方的帮助和支持。

我们曾经有一所幼儿园，招生工作结束后，再也没和物业工作人员主动联系过。后来当这所幼儿园周围又有一家幼儿园即将开园时，那么物业就很容易地为对方开了绿灯。他们就在我们幼儿园不远的地方开展了招生活动，宣传单页直接发到了我们在园孩子家长的手里……

5. 做好潜在生源信息记录与存档

在这个过程中，我们一定会获取一些潜在生源的信息，这些信息一定要进行妥善的记录、存档和管理。

前面介绍过《招生登记表》，那张表格是方便招生老师对潜在生源进行记录用的。同时，我们还需要准备一张电子表格，每天都要把新增的名单录入进去。最关键的是，我们要在这张电子表格内添加与这位潜在生源家长的沟通记录：

示例：我们要确保每位家长沟通至少5次以上。

幼儿姓名	幼儿年龄	联系方式	名单获取时间	名单获取途径
沟通日期	沟通内容			是否达成

当然，更重要的是，我们还要确保这些信息的保密和安全性，不得泄露隐私，并且及时做好备份。

6.制定招生计划与工作排期

很多时候，在新开园筹备阶段，我们除了招生还有很多其他重要工作要同步进行，往往这个时候不能合理的安排时间，导致很多工作拖后或者忽视质量；有时候为了大规模地进行招生工作，盲目地承接了很多活动，造成人员不足、活动品质下降，从而影响到招生效果，所以合理地安排时间，做好工作计划和排期还是非常有必要的。

示例：我们可以制定一份这样的《月度工作计划》，按月把工作安排在每一天，并及时添加、修改工作内容，以确保不会出现太大的偏差。

周一	周二	周三	周四	周五	周六	周日
2月1日	2月2日	2月3日	2月4日	2月5日	2月6日	2月7日

三、招生期——走出去　吸引关注的高品质招生活动

招生期的定义一般是指：园所装修工程结束或基本结束，园所环创工作进行中或者收尾中，具备基本的参观条件。

开园前2 ~ 3个月就要开展高频次的招生或预报名的工作了。

经过了前面筹备期的准备、预热期的借力造势、品牌活动，家长对幼儿园已经建立了初步的认知，这时候继续一些高品质的招生活动，结合园所具备参观条件之后的入园体验，基本上可以开展对家长的报名或者预报名工作了。

招生期需要开展的工作：

- 开展高品质招生活动
- 设计园所参观指引路线
- 开展入园体验课程
- 开展报名缴费或者预报名工作
- 不间断地园所宣传工作

1.开展高品质招生活动

这个部分介绍和描述的活动是指：新开园为了招生宣传“走出去”的园外活动；后面还会有个章节是介绍“迎进来”的入园活动如何策划、开展。

特别强调“高品质”的招生活动，就是要确保我们每一场呈现给家长、孩子的活动都能体现幼儿园的品质和老师的专业素养，让家长和孩子通过每一次体验加深对这所幼儿园的期待。

那么，如何完成一场高品质的招生活动，我会从活动策划、活动准备、活动执行、活动复盘四个方面分享给大家。

活动的目的：

· 突出幼儿园办园品质；
· 让家长了解办园理念、优质课程、师资力量和水平；
· 提升幼儿园认知度；
· 获得良性口碑传播及美誉度；
· 增加潜在生源名单；
· 促进新生报名。

（1）活动策划

从我个人的角度，我很不喜欢“分享”活动方案，并不是我舍不得分享方案本身，而是站在顾客的角度，不是所有的方案都适用于每一个区域群体的。

况且，一个好的方案如果没有很好、细致地执行，那有可能会带来坏的结果。

所以，活动的策划一定要综合所有的因素和条件，认真地准备，细致地执行，绝对不是“拿来主义”，看着别人做了这样一个活动，效果好像也不错，我就直接照搬照用，最后发现并没有达到预期的效果，反过来抱怨是方案出了问题。

因此，我更希望介绍给大家思路和方法，由大家自己去设计、策划各自的招生活动方案。

策划招生活动需要考虑的因素：

①场地因素。首先要考虑场地空间的大小、室外还是室内、周边环境是否糟乱、是否有安全隐患；太空旷的场地不够拢音，显然不适合策划一些绘本阅读、绘画、手工之类的活动；如果空间较小，又比较嘈杂，那也不适合设计亲子运动、大动作等内容的活动。

②时令季节。夏天的时候，可以策划一些手工、绘画活动，例如：画扇面、画瓶子、扎染、蔬菜水果拓印等，显然这样的活动不适合放在冬季；南方秋冬季节的户外活动更适合设计些可以运动身体的活动。所以，活动的设计要考虑到季节和时令性。

③特色亮点。结合园所的办园特色设计招生活动，更贴合幼儿园的教育属

性，这样家长在参加我们活动的过程中，就很容易建立起对幼儿园办园特色的认知，比如园所以美术为特色，那么活动的整体设计可以结合美术创意活动展开；如果是体育特色，那么可以和孩子的肢体动作、大肌肉运动相结合；如果是英语特色，活动的全程可以双语进行。

总之，活动不是单纯地做一场活动，要让家长带着孩子在参与的过程中，感受到园所的特色亮点，能够吸引家长和孩子投入地参与。

④参与互动。最后还要考虑孩子在活动过程中的参与和互动性，我也看到过很多的活动家长表现得特别积极活跃，恨不得代替孩子操作完成所有的环节，而孩子反而是配角一样，没有什么存在感，做到最后会看到这样一个场面：活动区留下来的都是家长，“认真努力”地完成着老师要求的作品，而我们活动真正的主角——孩子们，正在四处奔跑，完全置身事外。

那么显然这不是一场成功的活动，家长也并没有在这场活动中看到孩子的表现和老师的互动。在她的心里，对这所幼儿园的教育属性，并不会留下深刻的印象。

（2）活动准备

①物资准备：宣传用品、活动所需材料、物料、教师用具、随手礼等。

常规准备如下：

序号	品类	物资	数量	规格	备注
1	常规用品	DM 宣传页	1 000份	32开	含微信二维码
2		门型展架	2个	常规尺寸	含微信二维码
3		招生海报或宣传海报	5张	60mm × 90mm	
4		园所刊物	100本		
5		招生横幅	3条		
6		活动名帖	200张		有Logo
7		手袋	1 000个		有Logo
8		3 ~ 5元手礼	200个		
9		10元以上手礼	100个		
10		气球	2 000个		含棍和托
11	活动用品	拉杆音响+话筒	1套		
12		桌布	2块		根据外出活动签到桌尺寸定制
13		A4水台（竖向的）	1个	A4	放微信二维码使用
14		帐篷（带有Logo)	1个	3m × 3m	官网商城定制

（续）

序号	品类	物资	数量	规格	备注
15	活动用品	签到桌椅	1套	长1.2m左右	
16		活动服装			根据活动内容准备
17		活动道具	若干		根据活动内容准备
18		活动奖品			
19		活动桌椅			
20	其他准备	招生电话			园所专属招生电话
21		微信推广账号			

②邀约宣传。各种宣传渠道发布活动招募消息，直接邀约潜在顾客，合作机构或活动场所现场邀约。

③场地布置。规划各个活动区域，特别设计签到区，布置装饰活动场地，安装摆放宣传背景板、海报、易拉宝等，准备活动用桌椅及活动所需材料。

④活动话术。无论是主持人活动开场致辞、老师在各个活动环节的衔接过渡、还是活动过程中的串场词以及在接待家长过程中的咨询解答话术，甚至是活动结束后的结束语，都要提前准备并演练到顺畅、自然的程度。

⑤活动彩排。通过活动前彩排，让每一位参与的老师熟悉活动流程，使团队形成默契配合；在彩排过程中，体验活动每个环节的流畅性及活动质量，同时要确保教师用语衔接清晰、精准，并且话术统一；发现不妥之处随时调整改进，降低可能出现的风险及隐患，确保活动高品质地顺利进行。

⑥人员分工。活动总负责人、安全保障负责人、招生接待人员、暖场老师、活动主持人及活动执行老师、现场设备（物资、物料）管理人等，做到明确分工，指定责任人，确保每一个参与者，都清楚地知道自己要做什么。

重点把控：

确保活动每一个环节、细节准备到位，无论是接待、引领还是活动材料物品或者活动的流程和每一步骤的准备都要到位，做到“360° 无死角”。

（3）活动执行

招生活动常规性流程：

邀约聚集→活动签到→咨询接待→暖场热身→ 活动进行→介绍答疑→入园邀请→离场整理

这里介绍的是一场招生活动在执行过程中的常规流程。当然，根据具体活动的设计策划，还要有更为具体的活动执行流程。

重点把控：

- 如果不是提前做过预告的活动，那么前期的聚集邀请就很重要，需要有老师专门负责在活动区域的四周邀请适龄的孩子前往参与，当参与的人数达到一定数量时，才能体现出比较理想的效果。
- 一定要做好参与者的信息记录，并且标注出在沟通咨询过程中表现出意愿较高的家长。
- 在活动过程中，及时解答家长的咨询，对于有较高意向的家长，在现场邀请入园参观，并且约定好和家长下次见面的时间，便于回访。
- 在活动结束后，一定把活动场地打扫、整理干净，尽量恢复场地原来的样子再离场，给我们的场地支持机构或者合作机构留下好印象，便于以后的愉快合作。

（4）活动复盘

“复盘”这一词语源于围棋对弈，两位棋手在比赛结束后，要对刚刚下过的那盘棋进行“复盘”，每一步都要重新再走一遍，看看自己哪一步走得正确，哪一步走得偏差，哪一步还可以有更好的走法。赢，赢在了哪里？输，输在了哪一步？

这一工具现在成为联想集团柳传志先生的内部管理工具，我们也不妨“拿来主义”把它用在我们每一场活动的反馈上。

我们要组织每一位参与活动的人员，对活动进行复盘：从活动的每一个角度延展开来讨论，什么地方做得好，下次活动可以参考或者保留；哪些环节有所欠缺，我们要调整和改进；活动中家长问到了哪些问题让老师无从回应，下一次要规范话术……

这样的活动复盘，要求所有参加活动的老师全部参与讨论，调动每一个老师的参与热情，只有来自直接执行人的感受才是最真实、最能反映问题的。

重点把控：

- 听从每一位老师的意见，做好复盘记录，完善下一步的活动方案。
- 针对家长在活动中提出的问题，整理出新的接待话术，并统一培训。

活动策划示例

<table>
<tr><th colspan="4">“×××”活动策划</th></tr>
<tr><td>主　　题</td><td colspan="3"></td></tr>
<tr><td>副　　题</td><td colspan="3"></td></tr>
<tr><td>时　　间</td><td colspan="3">年　月　日　：-　：</td></tr>
<tr><td>地　　点</td><td colspan="3"></td></tr>
<tr><td>主办单位</td><td colspan="3"></td></tr>
<tr><td>活动对象</td><td colspan="3">邀约人数共计：　　其中成人：　　孩子：　　家庭：</td></tr>
<tr><td>策 划 人</td><td colspan="3"></td></tr>
<tr><td>参加人员</td><td colspan="3">活动总负责人：
活动安全负责人：
活动保健负责人：
家长接待：
活动主持人：
活动筹备负责人：
活动筹备小组：
潜在生安排负责人：
活动拍摄负责人：</td></tr>
<tr><td>活动内容</td><td colspan="3"></td></tr>
<tr><td rowspan="6">活动流程</td><td>时　　间</td><td>内　　容</td><td>责 任 人</td></tr>
<tr><td></td><td></td><td></td></tr>
<tr><td></td><td></td><td></td></tr>
<tr><td></td><td></td><td></td></tr>
<tr><td></td><td></td><td></td></tr>
<tr><td></td><td></td><td></td></tr>
<tr><td>活动宣传文案</td><td colspan="3"></td></tr>
<tr><td>推广渠道</td><td colspan="3"></td></tr>
</table>

2.设计园所参观指引路线

当我们的园所具备了入园参观的条件时，设计园所的“参观指引路线”就成为招生工作的重中之重了！

无论过去我们的招生活动做得多么的声势浩大、多么的招孩子和家长喜欢，家长的感受最多就是：“这所幼儿园还不错，老师看上去也蛮好的，值得我关注一下。”

但是，家长没有进行入园参观，没有真实地看到这所幼儿园，也是很难实现报名缴费的。家长一定要看到这所幼儿园是不是自己和孩子喜欢的，是不是她们所期待的。

所以，如此看来，入园的参观和入园体验活动才是至关重要的。如果设计合理，活动执行到位的话，家长是很容易当时缴费或者预留名额的。

本章节主要介绍：邀约家长入园参观或者接待直接到访的家长参观，进行园所介绍的参观路线设计的关键点，入园的体验活动将在下一章节进行介绍。

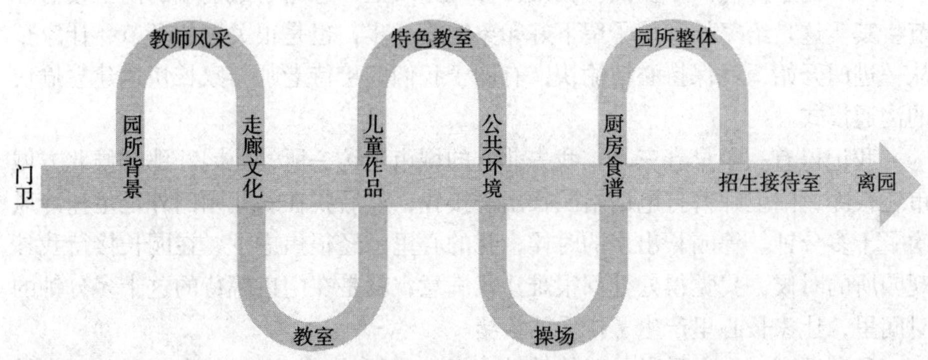

园所参观指引路线一般设计流程

园所的参观路线要结合园所的实际情况，从家长一进大门开始，如何顺畅地、合理地、全方位地为家长介绍园所，引导家长着重参观园所的哪些地方，是要进行一番设计的。

一进门先看哪里，再去哪里，着重看哪里，最后落在哪里，都要结合园所的实际情况进行统筹、合理地安排。

重点把控：

·最好不要反复走回头路。

·如果园所楼层较高，最好只参观两层。如果有重要的特色教室在较高的楼层一定要让家长看到，可以安排家长从最高那层往下参观。

·路线设计不要太长，控制在10 ~ 15分钟参观结束。

·“把粉擦在脸上”。要让家长看到园所最好的一面，对于新开园而言，尽量避免引领家长参观没有准备好环创的教室或楼层。

·准备好每个重点环节的参观引导话术，想让家长看什么、怎么看，都要在接待参观的过程中妥善地“嵌入”进去，尤其是园所特色、师资、教学和孩子生活相关的内容，是家长最想看、最想了解的。

·参观路线设计好之后，要反复模拟演练，把指引话术变成接待老师可以顺畅交流的口语，千万不要像背课文一样地给家长介绍。

各环节设计关键点：

（1）门卫接待。很多园所在设计参观路线上，忽略了最前端的门卫接待环节，其实这是给家长和孩子留下好印象的第一步，也是很关键的环节，让家长从一进门开始，就保持心情愉快，有助于我们的接待老师与家长快速建立愉快的沟通模式。

我记得有一年早春三月，我去北方的城市走访一所幼儿园。那时候北方城市还很冷，门卫师傅打电话给园长出来接我，然后我在幼儿园门外足足让冷风吹了十多分钟。等园长出来的时候，我的心里已经很焦虑了。在园长接待我参观园所的时候，我觉得处处都很难让我满意，就是在门口等待的这十多分钟的时间里，让家长心里产生了排斥的情绪。

我还遇到过：在酷暑的时候被挡在门外暴晒的；门卫师傅态度很差，不够有礼貌；着装邋遢，夏天穿着背心、短裤、拖鞋的；直接把家长挡在门外，既不联系老师出来接待，也没有要求家长留下个人信息的。

这样的举动直接把家长拒之门外，也让家长对这所幼儿园不再抱以期待。

当然，我也感受到特别让我印象深刻的门卫师傅。

在武汉，我曾经走访了一所满园且很难进的本地幼儿园，那所园一直处于排队候位的状态，一般情况下也是没有机会进入幼儿园参观的。

但是，那所幼儿园的门卫师傅却表现得非常亲切、有礼貌，虽然婉转地拒绝了我参观幼儿园的请求，但是很认真地为我简单地介绍了这所幼儿园，既没说得太多，也让家长对园所有了基本的了解，并且在最后留下了我的联系信息，告诉我明年万一有空的学位，会通知我带着孩子来面试。

尽管心里知道这所幼儿园是很难进入的，但是这一次和门卫师傅的接触，让我深深感受到了这所幼儿园的管理，也感受到门卫师傅表现出来的接待行为和话术是经过了培训的。如果我真的是一位对幼儿园有需求的家长，我相信我也会想尽办法把孩子送进这所幼儿园。

所以，对于门卫师傅的接待话术培训是非常有必要的。

在园所招生期间，门卫师傅要做到：

- 穿着得体整洁，佩戴园所名牌或胸卡。
- 用礼貌用语和家长打招呼，并且及时通知老师出来接待。
- 如果遇到恶劣天气，老师不能第一时间迎接，要礼貌地邀请家长在门卫室等待，如实在不方便，也要及时地向家长解释，请家长谅解。
- 请家长做好来访者信息登记，以体现幼儿园管理的正规。
- 如果条件允许，请家长在门卫室穿好鞋套。
- 要确保家长问到的问题，各个岗位回应的一致性；当然，关于如何收费、如何报名、在园人数等相对敏感的话题，可以有个统一的话术回复："您问的问题我们的招生老师更清楚，我没办法为您解答，一会儿我们老师出来，您可以向她咨询。"千万不要一问三不知，什么都不清楚。

（2）园所背景。招生主任或者招生老师，在接到家长之后，要按设计好的路线引领家长入园参观，从进入园所大厅开始，可以先介绍园所的背景、资质、荣誉等，显示园所的硬件和软件实力。建议在园所大厅明显的位置摆放一些幼儿园品牌背景相关内容的展示，如证书、奖状、授权牌等。

（3）教师风采。在参观大多数幼儿园时，可以看到很多孩子的照片和作品展示，但是有些幼儿园往往忽略了老师的风采展示。家长很看重幼儿园老师的专业和实力，所以园所如果有一面展示老师风采的展板或者班级门口有这个班级老师亲切自然的照片，很能打动人。

（4）公共环境。一般幼儿园的走廊、公共区域的设计，最能体现园所教育教学特色的，公共环境的布置非常重要。

我曾经指导一所正处于招生季的私立幼儿园，当我进到园里看到环境的时候，显然园所没有经验，准备得也不够充分，公共区域基本上是“四白落地”，什么也没有，连一张孩子的作品或照片都看不到，园长跟我解释说：“我们是新开园，没有孩子，也没有办法准备孩子的作品。”

显然这样的解释不会打动我，更不能打动家长。

然后，我建议这所幼儿园，可以结合园所的特色，找一个主题，先准备老师的美术或艺术作品，在每一个老师的作品旁边，做好边框的留白。

这样在接待家长的时候，可以告诉家长：“我们幼儿园是新开园，所以老师精心准备了 ×× 主题的作品。旁边空白的地方，是我们特意预留出来，等着我们第一批入园的小朋友和我们一起布置属于他们的幼儿园。”

这样就很容易让家长理解和接受。

当然，我们也不是没有办法提前准备孩子的作品，我们每次招生活动后，都可以留几件孩子的作品，用于开园时候的陈列、展示。

（5）教室。教室是幼儿园参观的重要部分，也是孩子进入幼儿园生活的重要区域，更是园所向家长展示教育教学的关键部分，所以在参观教室的时候，要着重向家长介绍：老师、区角、教学目标、孩子的一日生活、洗手间、寝室等。

当然，需要用家长听得懂的语言，我在参观幼儿园的时候发现，老师介绍教育教学的时候，说得太深奥了，家长听得一头雾水，有时候不需要那么多的专业词汇，举一两个教学实例是最好的。

对于新手老师，如果实在不能介绍得清楚，也可以巧妙地邀请家长带孩子来体验园所后续的半日活动，亲身感受我们的教学内容。

（6）特色教室。每一所幼儿园都在努力地打造自己的园所特色，很多幼儿园在准备特色教室的时候，也是非常的多样化：国学室、绘本馆、美术室、舞蹈室、风雨操场等。

如果可以把这些教室很好地准备出来，展示给家长，还是很有吸引力的。从某种程度上讲，这也代表了园所的实力。在参观的时候，也可以通过话术设计的技巧，让家长有一种画面感，比如参观美术教室的时候，可以和家长说：“这是我们幼儿园的美术教室，每天我们的小朋友都要在这里进行艺术创作，小朋友们的绘画、陶艺等艺术作品，也会在这里展示。每个学期，我们都会举行艺术展览，家长您到时候可以来参观，也会看到您孩子的作品。”

这样的话术，会让家长瞬间有个画面：自己的孩子坐在这间教室里创作的样子，在家长的心里会对这所幼儿园留下深刻的印象。

同理，参观风雨教室的时候，可以准备这样的话术：“当有雾霾天气或刮风、下雨的时候，我们的小朋友依然可以在风雨教室里进行体育活动，强身健

体。我们为孩子准备了×××体育活动项目，我们的体育老师是×××……”最担心的就是新开园时，很多教室还没有布置和准备好，老师就带着家长去参观，因此也暴露出自己园所的短板。我去参观过某个新开园，美术教室里连桌椅还没有准备，绘本馆里一本书也没有，那么显然家长心里是会打鼓的。如果还没有准备好，不让家长参观反而更好些。

PS：我很爱跑题，写到“绘本馆”三个字的时候，我又忍不住要跳跃一下话题：

我在参观很多幼儿园的时候发现，太多太多幼儿园的绘本馆里陈列的绘本都是盗版的。在这个推广绘本和阅读的时代，很多家长热衷于此，有些家长对绘本的了解程度甚至都优于我们幼儿园老师，那么我们参观幼儿园的时候，发现为孩子准备的都是盗版书籍，真是说不过去，希望园所从正规渠道订购正版图书。

（7）厨房。

哇，到了园所参观的重头戏了！

以我和家长沟通的经验来看，家长考察一所幼儿园的重点，除了教育、教学，那么第二重要的莫过于“吃”了！

所以，在整个参观路线中，厨房的介绍也要格外认真准备：食谱、厨师、采买、库房、食品安全等，有一大堆的话题和家长交流。如果可以在这个环节让家长看到宽敞明亮的厨房、穿戴标准的大厨师傅、标示明确的库房管理、精致营养的食谱，那么我可以告诉您，家长选择这所幼儿园的胜算就有80%了（此处应有掌声）。

当然，有些幼儿园对于厨房的管理更加严格，比如说厨房不能随便进入参观，那么就要严格执行这个标准，对于家长而言，越严格的管理，她们越会放心。

比如您可以这样说：“家长您看，我们幼儿园严格执行食药监局对幼儿园厨房管理的规定，厨房是不能随便进入的，所以很抱歉，我就不能带您进去参观了。您可以在这里看看我们对厨房的管理制度，这是我们幼儿园本周的食谱……”

然后把园所的营养食谱、用品采买渠道和库存管理，以及安全留样规范等向家长做详细地介绍。

如果有条件，我们可以邀请家长在后续的入园活动中品尝一下园所的餐食。

（8）操场。操场的参观路线可以根据园所的实际情况安排，如果从门卫室接到家长，直接就穿过或路过操场的话，可以安排家长在前期参观；有的园所操场在幼儿园的后身，可以在中途或最后安排参观。总之，要看怎么引领更顺畅。

对于操场的介绍要根据园所的实际特点，有的园所操场很大，户外活动空间划分也很明显，大型玩具设施也多，那么可以特别着重的介绍园所这一特点："不是所有的幼儿园都能为孩子提供这么良好的户外活动空间的。"；有些幼儿园的操场很有局限性，那么可以避重就轻，找一些亮点、特点来介绍。

（9）家长接待室。

这个部分我也想着重地讲一下！

很多幼儿园因为各种原因而忽略了这个空间的准备，对于新开园招生工作而言，一头（门卫室）一尾（接待室）这两个重要环节，往往是园所最容易忽视的。我听到太多的园长对我说："我们幼儿园资源那么紧张，特别腾出一个地方接待家长，实在有点浪费。"但是，我恰恰看到她的园长办公室大得要命，我承认园长在园所里的重要地位，但是在幼儿园开园初期，生源才是硬道理，家长对园所的满意才是重中之重，所以，安排好家长的接待，才是新开园园长需要考虑的问题！

我在走访园所的时候，90%以上会遇到这样的情景：

园长或接待老师在带我参观完幼儿园的时候，特别自然地陪着我走到了幼儿园门口，然后对我说："家长，您再考虑一下。"说完就转身离开了。

我当时的心情无以言表，好尴尬啊！

大多数家长在第一次参观一所幼儿园的时候，除非这所幼儿园某些地方特别不满意，家长心里会有个答案：这所幼儿园我肯定不会选择的。

除此之外，大多数情况是：这所幼儿园没有特别打动我，但是也还可以，又没有到放弃的程度。其实这时候的家长心理是很需要"临门一脚"的，而往往大多数幼儿园接待老师，都"巧妙"地把家长送走了。

试想家长抱着这样的心理离开之后，还会再来吗？很难了，因为已经参观过一遍了，再去干嘛呢？再看一遍吗？好尴尬啊！

所以，这时候我们要做什么呢？那么就需要一个家长接待室了，哪怕园所真的空间有限，也要在公共区域或者大厅，准备出来一对小沙发，一个茶几，邀请家长坐下来，进行最后的"临门一脚"环节。

接待室（接待区）的准备

请家长坐下来之后，为家长倒一杯水（如果能问家长喜欢喝咖啡或茶，就更好了）。

把园所介绍手册或者刊物送给家长，让她带回家详细了解，然后和家长沟

通："我已经为您介绍了我们幼儿园，您还有什么不清楚的地方需要我为您解答吗？"

接下来就是回复家长关注的问题。

和家长介绍："我们现在是招生期，您现在为孩子办理入园手续，可以享受（获得）×××，您看您是现在为孩子办理缴费手续，还是先预留一个学位？"

> **接待室（接待区）的准备：**
> - 温馨舒适、令人放松的环境；
> - 为带孩子来参观的家长准备安抚孩子的游戏玩具或教具；
> - 展示园所教学的教具、教材；
> - 招生期活动手礼或招生礼包；
> - 园所宣传手册或刊物；
> - 招生信息登记表；
> - 入园准备清单或通知单；
> - 饮用水、茶或咖啡；
> - 如果有后厨做的小饼干就更好了。

如果家长这时候还在犹豫，可以给家长认真考虑的时间。

你可以表达："我特别理解您为孩子选择一所幼儿园是一件非常慎重的事情。您可以再认真考虑或者和家人再商量一下，这是我们的入园准备清单。您如果考虑好了，可以按清单内容，为孩子准备相关证件和入园前体检。这样您下次再来，带齐手续，就可以直接为您的孩子办理入园了。"

或者："家长，我看您还有些犹豫。没关系，我们幼儿园本周×××时间正好有一场半日入园体验活动，您可以带着孩子和孩子的爷爷、奶奶，来我们园体验一下，看看我们老师的教学水平，还可以品尝一下我们幼儿园的餐点，最重要的是让孩子感受一下我们幼儿园的氛围。家长再怎么选，最后还是要孩子喜欢、适应，您说对吗？如果您时间方便，留一下联系方式，我们体验活动之前，会再和您电话确认的。"

无论怎么样和家长沟通，最后达到两个目的：

- 获取家长信息，确认家长愿意你再次打电话回访或邀约；
- 邀约家长再次入园或和你面谈的时间。

最后，把相关的资料、文件和手礼交给家长，并把家长送出门外，然后在登记表上做好参观记录，以确保下次回访的时候，清楚地知道这位家长和孩子的情况，及时跟进。

以上是针对入园参观路线的设计建议和准备，在这里我想说的是，家长都走进园所想要认真地了解我们幼儿园了，至少家长对这所幼儿园还是有所期待的。我们要把握好这个环节，即使不能一下子打动家长，我们也要给他/她 再次来园的机会，进一步帮助家长做出选择和决定。

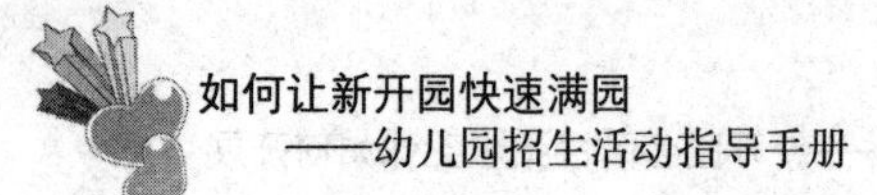

我记得有一次和一位幼儿园的招生老师聊天，她和我说："现在的家长好神气，对幼儿园挑三拣四，又要考虑路途远近、又要考虑师资水平、还要看园所硬件怎么样，还不能太贵……问来问去的，你都不知道她想选一所什么样的幼儿园。"

是的，家长选择幼儿园这件事上，别说我们不知道，连家长自己其实都不知道她究竟想要一所什么样的幼儿园，所以她才会百般挑剔，力争完美。当然，我们知道，还没有一所幼儿园是所谓的"完美"，那么我们能做的就是通过一次又一次地接触，让家长和孩子慢慢喜欢上这所幼儿园，从而降低或者放弃一些她曾经坚持想要的标准。就好比谈恋爱，最初的时候往往给自己定下一个标准：身高不能低于多少、不要戴眼镜的，女孩子必须是长发，短发的我不要，等等；但是最后你看，他带回来的对象往往各项指标都不是他最初设想的，问他为什么这么选择，他一般会回答："相处久了，感觉还不错！"

选择幼儿园也一样，要慢慢打动家长，接触久了，她会觉得"还不错"，甚至比前期期待得更好，就是这个道理。

3. 开展入园体验课程

在这里我想要表达的是：对于邀约家长和孩子入园体验来说，我没有用"活动"这个词，为什么不叫"入园体验活动"？而用了"课程"这个词，我们说邀请家长和孩子来进行"入园体验课程"，为什么这么设计，相信认真看过我前面文章的老师一定可以明白：家长再来幼儿园，不是要热热闹闹地参加什么活动，他们需要真实地体验园所的教育、教学活动。这也是我前面提到的，家长选择幼儿园的时候，对"专业"的需求。

另一方面，这样的设计可以引起家长的重视，确保邀约到访率。

现在各种教育机构的招生活动、体验活动太多了，家长带孩子参加得都皮了，他们也不觉得有多重要，所以往往邀请到访率很低。但是，如果家长知道，这是半日幼儿园常规课程的体验，那重视程度肯定是不一样的。

所以，在这个环节的设计上，我们要认真地准备孩子从入园开始常规的半日教育、教学和生活活动。

我强烈建议一定要留孩子在园所用午餐。

当然，这个前提是园所要对厨师进行考核，确保餐食的质量、安全和可口程度达到标准才行。

在这个章节，我会从策划、准备、活动示例、后续跟进四个环节进行介绍，里面的很多内容和细节，显然与前面介绍过的关于对外招生活动的开展在细节方面有所不同。

入园体验课程的目的很直接：

· 进一步打动家长！

· 让孩子爱上幼儿园！

· 促成报名缴费！

报名缴费！

报名缴费！

重要的事情说三遍！

重点把控：

· 入园体验课程邀约人数不可过多，一般每场邀约意向较高的8～12组家庭为佳，以确保在体验过程中，老师可以关注到每一个孩子，不会因为参与人数太多，造成家长和孩子不佳的体验效果。

· 在每一次邀约的家长中，安排邀约1～2位入园意向特别强烈的家长作为引领；也可以安排已经达成入园意向的家长，在体验活动当天来办理入园手续，或领取入园用品，给潜在的家长一些信心。

· 充分做好从园所环境的每一个细节到人员等全方位的各种准备工作。

在正式说明之前，我还是很想举个例子，这个例子在我看来是非常令人遗憾和可惜的。因为园长无论是在策划、准备还是在执行环节，都存在着明显的失误，最后导致邀约到访的十组家庭，没有一位报名缴费的。其中有三位家长在前期的沟通过程中已经有很明显的入园意向，仅仅因为参与了一场感受糟糕的入园体验对幼儿园失去了兴趣，并且不会再继续关注了。这样的结果真是非常令人惋惜，我亲自观摩了那场体验活动（那场体验没有课程安排，只能叫入园体验活动）。面对那样的结果，我也无能为力，但是更糟糕的是，我发现很多幼儿园都在进行着类似的活动形式，所以这也是很多园长在和我沟通的时候，会说："您说的这些招生工作我们也有做啊？我们也邀约了家长入园体验啊，我们也为孩子准备了入园活动啊，为什么来了那么多家长，一个报名的都没有？"

那我们一起来看看，这是一场怎样的活动。大家也可以想想，你们是不是也曾经做过类似的入园邀约活动？

案例呈现及讲解：

我们先来看看园长是如何策划、执行这个活动的吧！

活动背景：

幼儿园将要在新学期开设2.5岁小朋友的缓适班，邀约了10组两岁半的小朋友和他们的家长，其中3组是之前来园参观过且入园意向比较强的。

活动执行演示：

执行内容	杨老师点评
家长带着小朋友进园之后，由老师接进活动教室，等待活动开始；	× 缺少迎接家长和孩子的入园环节 × 缺少签到（入园登记）环节 √建议有条件或已开园的园所，增加晨检环节，如量体温、洗手、家长换鞋套等内容，提升家长的信任度 × 没有为到园的小朋友准备名帖，以至于后面每一位老师都不能叫出孩子的名字 × 等待的孩子没有特别地给予安排和关注，孩子们在教室的区角各自玩喜欢的玩具，所以在活动正式开始的时候，很多孩子不能放下手边的玩具，不能进入活动环节，并且初显烦躁
由园长开场，欢迎家长和小朋友的到来，并对幼儿园背景进行了介绍，引出了接下来主持活动的老师	× 没有对本次活动的内容和意义进行介绍，家长不知道参加了一场什么活动 × 缺少对幼儿园老师的介绍环节 × 没有为活动老师准备"小蜜蜂"等扩音工具，老师的嗓音在后来很难控制2.5岁年龄段的小朋友，以及近20位成年人
环节一：活动老师直接开场，带领小朋友和家长进行节奏律动《拉个圈圈走走》	× 老师没有做活动前的铺垫，直接进入活动环节，让小朋友们很难进入状态 × 在进行活动策划的时候，没有结合两岁半幼儿的年龄发展特点——很难接受指令，并且很多小朋友不愿意与陌生人亲近，所以这个环节，大多数孩子都不能和其他的家长拉成一个圆圈

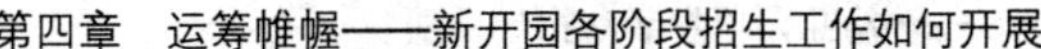

执行内容	杨老师点评
环节二：老师教小朋友进行手指操的活动，1像什么、2像什么……	× 在这个环节，很多孩子已经没有办法安静地坐在教室里听老师的指令了，有几个孩子还惦记着刚才区角的玩具，一次次地跑到区角自己玩耍，而家长和配课老师一次次地试图把孩子带回主课老师设计的情景里，此时已经有两个孩子开始哭闹
环节三：老师设计了一小段英文教学，想展现一下幼儿园的英文教学特色	× 这个时候孩子们的耐心已经彻底磨没了，根本没有办法坐下来听老师讲话 × 其中有个孩子哭闹得非常严重，孩子的奶奶三次带孩子离开班级试图缓和孩子的情绪。在奶奶把孩子带离教室的过程中，没有老师跟出去沟通，终于在第三次孩子进教室依然大哭的时候，奶奶情绪也跟着爆发了，愤怒地带着孩子离开了幼儿园 × 因为这个孩子的情绪，让现场其他小朋友和家长都受到了影响 × 老师在这个时候基本上是声嘶力竭了
环节四：户外游戏，在幼儿园的操场上，老师带领小朋友和家长准备玩“彩虹伞”的游戏	× 本来小朋友们跑到操场上看到彩虹伞，非常地开心，所有的小朋友们都跑到了彩虹伞的下面，觉得在伞底下躲猫猫很有趣，但是我们老师一个个地把小朋友们从伞底下拉出来，要求小朋友拉着伞边，再一次进行《拉个圈圈走走》的节奏律动。于是，小朋友们各自在操场上撒欢儿，再也不理会老师了
最后一个环节：老师试图再把孩子带回教室，做最后关于报名的讲解说明	× 但是这时候家长基本上带着孩子都走掉了 × 也没有为孩子准备离园的手礼 × 没有一个报名达成

我们在园长做活动总结的时候，园长第一个反馈出来的问题是：这次活动老师太年轻，没有太多临场发挥和应变的能力，所以造成了活动的失败。

显然，这次活动老师并不是主要的问题，问题出在了活动的策划和形式上：

× 活动各个环节的设计本身，并不适合2.5岁年龄段的幼儿年龄特点，小朋们没有办法参与并投入其中；

× 从开头迎接到结束的送离，都没有用心策划和准备；

× 园所一定没有做彩排和预演，没有教会老师每一个环节如何衔接和配合，遇到突发状态的预案是什么。使得这次活动执行得非常混乱，给孩子和家长留下了很不舒服的感受，我相信这些家长基本上是会放弃这所幼儿园了。

结合这个案例，我们思考：究竟什么样的入园体验才能打动家长、吸引孩子？

（1）策划

√一定要设计符合孩子年龄特点的活动，要让孩子愿意并且能够参与其中；

√要把教育教学内容嵌入到课程体验环节里，并且通过活动主持话术传达给家长；

√从入园接待开始，到结束离园的送别都要精心策划和准备，让家长和孩子感受到园所的用心准备；

√半日体验活动建议策划午餐环节，这样吸引家长为了品尝午餐也要坚持参与完成全部的活动；

√一定要设计可以让孩子有作品带回家的活动；

√在整个活动中要策划“营销环节”，在家长不反感的前提下进行报名、缴费。

（2）准备

时间	项　目	负责人	支持	备　注
提前1个月	积累意向家庭	招生顾问		做好登记表填写工作
提前15天	确定半日体验的具体时间和邀约家庭数、幼儿年龄段	园长或主任		
提前10天	宣传微单的制作并发布	招生顾问		可多渠道
提前10到7天	活动电话邀约	招生顾问		
提前10到7天	半日活动课程和教具准备	半日课程主班老师	配班老师	
提前7天	活动的PPT准备	主班老师或招生顾问		
提前7天	活动当天的缴费优惠政策	园长		与开园政策一致或当日报名有适当减免（以实际情况及公司规定为准）
提前5天	活动前准备会议（话术培训+活动人员站位）	园长		每个人的岗位、基本话术、活动当天的站位和配合
提前5天	开放班级的布置及区域玩具准备	半日课程主班老师	配班老师	根据园所布置情况自调
提前3天	预约家庭的名单确认（电话）	招生顾问		
提前3天	门礼准备（宣传单页、会刊）	招生顾问		可有小礼物，根据园所情况自己酌情准备
提前2天	签到表、幼儿小名帖	招生顾问		
提前1天	鞋套及免洗手消毒液	保健医或招生顾问		
提前1天	半日活动当天的间餐准备	保健医或主班老师		可根据园所实际情况准备
提前1天	卫生工作	半日课程主班老师	配班老师	

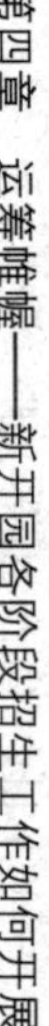

（3）活动实例

项目	活动时间	活动形式	活动地点	准备物品	备　注
签到	9:20—9:30	保安在门口迎接，确定是参加活动的家庭则交接给负责签到的老师 家长在门口签到，消毒、换鞋套，给幼儿贴好名帖	园所门厅	签到表、笔、鞋套、免洗消毒液、幼儿小名帖	在活动快开始前5分钟开始给未到的家长打电话，确定是否到场、是否等候。 已到的家庭可在教室看幼儿园宣传片，或者让幼儿在区域活动 安排老师与提前到达的家长和小朋友熟悉、互动
园长致辞	9:30—9:35	欢迎家长→介绍自己→介绍幼儿园→介绍本园特色→介绍今天的活动及流程→介绍今天任课老师→活动开始	教室	宣传片	根据园所实际情况安排
课程环节	9:35—9:50	自行准备	教室	自行准备	结合园所特色及孩子年龄特点设计 在课程环节中加入老师通过观察孩子的表现给予教育点评
盥洗时间	9:50—10:00	洗手→小便→洗手→喝水	教室	水杯、水壶、纸巾	教师提前准备好温水，要多备出家长的水杯和饮用水。 渗透给家长和孩子在园所的日常习惯养成
间餐	10:40—11:00	自行准备	教室	自行准备	提前准备好，注意分餐卫生和细节 （如果没有安排午餐，间餐时间可以后置调整）
户外活动	10:00—10:30	集体游戏和分散游戏	操场	根据游戏准备	天气不好可改在教室内活动，户外活动应注意活动安全。 活动中老师要关注到每一位孩子
盥洗时间	10:30—10:40	洗手→小便→洗手	教室	消毒毛巾	区分毛巾消毒“未使用”及“使用后” 如果条件不允许，可以准备纸巾

（续）

项目	活动时间	活动形式	活动地点	准备物品	备　注
区域活动	11:00—11:20	园长对课程中孩子的表现及背后的教育、教学价值，为家长进行点评；可以随机采访家长的体验感受，让家长有归属感 教师从旁引导幼儿活动，顾问和教师配合，可以跟家长沟通谈单	教室	区域玩具	注意幼儿的安全，防止幼儿游玩时争抢玩具 要关注每个家庭，不要集中在一个家庭或几个家庭
就餐准备	11:20—11:30	洗手→小便→洗手	教室	消毒毛巾	区分毛巾消毒“未使用”及“使用后” 如果条件不允许，可以准备纸巾
午餐	11:30—12:00	尝试由孩子自己领餐 保育老师协助配餐 园长介绍园所营养食谱及食材购买渠道		纸巾 消毒毛巾	提前准备好，注意领餐秩序、分餐卫生和细节 幼儿园的餐食普遍从色泽上、味道上偏淡，家长单纯从视觉上可能会有所疑惑，这时园长一定要对幼儿园的餐食做铺垫，比如说：“家长看到我们幼儿园菜品的颜色没有外面餐厅做得那么鲜亮，是因为幼儿园的餐饮在制作过程中没有添加任何的添加剂，少油少盐，虽然看上去不好看，但是非常适合孩子的生长需要和饮食安全”。 用餐环节不建议准备家长的午餐，但是可以准备一些幼儿园自己做的面点、蛋糕或者饼干，请家长品尝
结束离园	12:00	随着孩子用餐环节，园长强调优惠政策和报名时间，以及剩余名额，引导家长报名缴费 将孩子在课程中的作品当作礼物带回家 或者为孩子准备幼儿园的点心当作礼物带回，与家人分享	教室		结束后可以根据重点家庭提供回去后的教育建议，再次促单 孩子和家长离园时，老师要在园所大门送别，和孩子告别，并和孩子说“老师欢迎你再次来 ×× 幼儿园玩”，加深孩子对幼儿园的印象

人员岗位安排及职责

岗位	活动职责	示范行为	参考话术
门卫	负责园所安全 确认入园人员身份	面带微笑，跟来访的家长和幼儿打招呼，确认是否预约	“您好，欢迎来到 × × × 幼儿园，请问您有预约吗？”
签到老师	签到 引导 做好前期服务	面带微笑，跟来访的家长和幼儿打招呼，给家长递笔，引导家长签到	“您好，请您在签到表上签到。”
		给家长递鞋套	“请穿一下鞋套。”
		给家长挤免洗消毒液	“请您洗手，消毒。”
		给幼儿贴上小名帖	“宝宝，老师给你贴一个小名帖。”
		用手势和语言给家长和幼儿引导方向，指引到教室	“这边请/请转弯/请上楼/请直行。”
班主任	课程环节 卫生保健 家长沟通 销售促单	首先跟孩子打招呼（蹲下），再引导家长进入教室	“× × 你好（幼儿昵称），我是 × × 老师，欢迎你和妈妈来跟我一起做游戏。”
配班老师	配合课程流程 家长沟通 卫生保健	引导家长进入教室后把包和外套放到统一的位置	“您好，咱们可以把衣物放在这里（贵重物品请家长随身保管）。”
		引导家长观看宣传片	“您可以在这边稍作休息。”
		引导家长陪同幼儿在区域自助活动	“您可以带孩子在这边玩一会儿，咱们等一下还没到园所的其他家庭。”
负责拍照的老师	拍照	全程拍照，注意拍照的角度，全景、细节和抓拍。与家长目光接触时，应点头、微笑说“您好”	确保每个参与活动的孩子都有一个特写照片，便于活动后的传播 要有活动结束后的集体照片 要有孩子作品展示照片 禁用闪光灯 如果家长制止给自己孩子拍照，要尊重家长的意愿

（续）

岗位	活动职责	示范行为	参考话术
园长/主任/顾问	家长沟通 谈单促单 解答家长疑问 活动突发事件处理 人员岗位安排	解答家长疑问：教学方面、保育方面、幼儿饮食方面、园所收费和优惠活动	园所整理统一标准话术
		面带微笑，跟每一个家长和幼儿挥手再见。	“再见，欢迎您再来×××幼儿园。”

（4）后续跟进

对外	活动传播的制作，并发布	24小时内	制作好微信或微单页，并发布，让老师转发（注意照片的品质、品牌Logo的使用和排版）
	电话回访及再次活动邀约	1天内	“××妈妈您好，我是××老师，上次咱们参加了园里的体验课程，不知道您跟家里商量得怎么样了，是下个月入园呀，还是×月份入园？” 家长回答了具体月份：“那您可以这周就过来办理手续，我把具体需要的材料都列给您，咱们可以先把幼儿物品拿回家，清洗、晾晒了。” 家长说还要再考虑： 1.可以询问家长考虑的因素并解答。 2.“我们近期还会有××的活动和户外社区活动，您可以带着孩子来参加，到时候我再通知您。”（留下再次邀约的机会）
	未到家庭的后续沟通	1天内	沟通未到的原因，并留下再次邀约的机会
对内	活动复盘	当天	活动参与人员做活动后的总结和反思，整理活动的优缺点，帮助下一次活动更好地开展
	名单整理	2天内	做好本次活动的名单分析，有意向的家庭重点关注
	活动的纸质总结和照片整理	3天内	写好活动总结，图文形式，整理后存档

4. 不间断地园所宣传工作

前面讲过，幼儿园的选择具备高口碑传播的行业特性，所以对于园所的宣传要保持持续的频次，可以展开的宣传策略建议如下图：

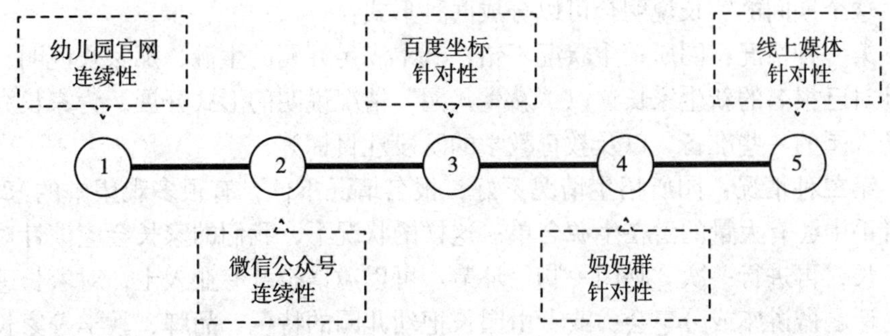

- 微信公众号是目前传播快、影响力较大的推广形式，但是也是一把双刃剑；
- 对于需要扩大口碑传播的新开园来说，需要充分地利用好；
- 招生主任的工作职责也包括微信公众号运营工作；
- 对于新开园而言，不建议建微信群；
- 微信订阅号的申请，如果园所前期证照办理需要周期，可以先申请个人的订阅号，实现传播的功能是一样的，但是一定要确保这个账号申请人信息的稳定，不要因为个人的岗位变动，而造成不必要的麻烦。

四、试开园期——迎进来　打动家长　留住孩子

试开园期的定义一般是指：园所已经具备开园条件，但是未到正式开学的时间，或者软件条件准备得还不充分，又或者招生进度不佳，希望通过试开园的尝试，对师资团队进行磨合，或者再吸引观望中的家长。

比如：9月开学，试开园的时间可以设定在8 ~ 10月期间。

试开园期需要开展的工作：

- 家长说明会
- 半日缓适班
- 观望家长的跟进
- 持续地入园体验课程
- 在园孩子的维护与沟通
- 线上推广与口碑传播

在此期间，幼儿园可以尝试多种情况的试运营模式，同时进一步开展招生工作。

1.家长说明会

这个期间的家长说明会可以分成两种形式：

第一种情况：园所招生状况不错，基本满足开园的生源，那家长说明会可以针对已报名的新生家长，以“新生入园”情况说明的形式开展，为家长介绍孩子入园的一些准备，以及教育教学的阶段性目标等；

第二种情况：园所招生情况不好，报名情况不佳，有很多观望中的家长，或者手中还有大量的潜在生源名单；这样的状况下，我们的家长会应该针对潜在家长，再进行一次“临门一脚”环节。可以邀请教育专业人士，对家长感兴趣的话题做讲座或分享会；或者由园长把幼儿园的特色、品牌、教学等家长看重、感兴趣的话题，在家长会上对家长做深度解析。这种类型的家长会可以邀请参与的人数多一些，产生影响力。

2.半日缓适班

半日缓适班的开放也可以根据招生实际情况，设计以下两种不同的模式：

（1）针对倾向性较高、稍有顾虑的家长：可以开放仅一个“半天”的半日缓适班，家长可以陪同，从入园开始，依据幼儿园标准的生活、教学流程，到午餐后，由家长带回；让孩子和家长共同体验，加深家长对园所和老师的信任度，增加孩子对幼儿园的好感。

> 半日缓适班以吸引家长带孩子入园体验，从而使孩子适应幼儿园、使家长对幼儿园及老师产生信任为主要宗旨；
>
> 所以，具体情况根据园所招生的现状安排，可以安排在家长缴费后，也可以安排在缴费前；
>
> 可以按天收取一定金额的餐费。

（2）针对倾向性较高且顾虑也很多的家长：可以开放一周的半日缓适班，前2～3天，家长可以陪同，后几天让孩子尝试自己入园，依旧是从入园开始，到午餐后离园；通过持续一周的适应，让孩子习惯幼儿园的生活，从而愿意入园。

3.观望家长的跟进

在新开园阶段，一定会有非常谨慎的家长，一直高度关注我们幼儿园，也愿意一次又一次地参与我们幼儿园的活动，但是就是每次在鼓励家长报名的时候，家长总是各种托辞，针对这样的家长，大概归纳有这样几种可能：

（1）第一种：家长确实非常慎重，在她看来，为孩子选择一所幼儿园，是

一件非常严肃、严谨、严格的“工作”，是关乎孩子一生成长的重要“使命”。

因此，一定要给孩子千挑万选，找到一所近乎于“完美”的幼儿园。很显然，她在一次又一次的体验中，总是觉得尚未完全打动她，但是她又觉得没有差到想要放弃的程度。

针对这样的家长，我唯一的建议就是：诚意、诚意、诚意！

拿出你满满的诚意打动她，比如：家访，请家长喝一杯咖啡，了解家长究竟在顾虑什么、想要选择什么。

（2）第二种：其实家长已经为孩子选好了幼儿园，比如已经排位进了附近的公立园，或者已经在其他园办好了入园手续，在等待正式入园前，看到我们幼儿园的活动也不错，带孩子参与参与也不错。

面对这样的家长，千万不要不耐烦，用开放的心态邀请她，家长自己会有对比，即使她的孩子最终没有入园，但是不排除她是一个口碑的传播者。

（3）第三种：确实没有入园计划，这个现象在很多北方城市特别常见，家里有爷爷、奶奶精心地照顾，舍不得把孩子早早送到幼儿园，有的甚至爷爷、奶奶带到孩子五六岁，直接上学前班了；但是这些爷爷、奶奶很愿意没事就带着孩子到幼儿园来感受一下。

面对这样的家长，我个人觉得，在正式开园之前，我们都是欢迎的，尽可能地用教育理念影响老人。

当然，还有形形色色、各种各样的原因和理由，我们一定要站在理解家长的角度，多次和家长保持沟通和引导，一般而言从获取家长咨询开始，我们至少反复和家长沟通、联系五次以上，才会默认这个家长暂时不是我们目标顾客，将信息转入资料库存档。

4. 在园孩子的家园沟通

很多新开园在试开园或开园初期，招生情况还不错，就会特别放松：总算结束了招生工作了，目前生源比较理想，终于可以告一段落了。

往往这样子问题就来了：忽略了已入园孩子的家长沟通工作，会让家长产生特别大的落差，之前招生期对家长、对孩子各种体贴入微，一旦缴费入园，就好像没有那么关注了。

一定要避免这样的问题，在孩子入园以后，要保持和家长沟通的频率，比如接送孩子的时候，要和家长热情地打招呼，多和家长沟通孩子在园的表现等。家园工作在开园初期一定要高度重视，因为对于新开园而言，如果产生一定数量的退园、转园情况，那对新开园是致命打击，再想扭转形势，那可真是难上加难了。

5. 线上推广与口碑传播

在试开园阶段，园所这种准备逐渐到位，也有孩子在园开始幼儿园的一日

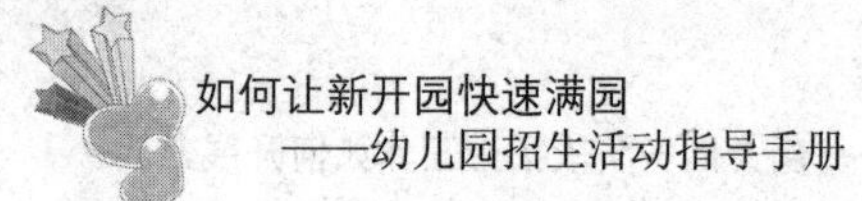

生活了，所以园所有了更多可以宣传的素材，所以这个阶段无论招生情况是否理想，都要保持幼儿园的品牌传播，一定要利用好线上推广的手段，好好展示园所各项管理、教学、孩子的生活，因为幼儿园招生工作不会因为顺利开园而中止，所以这个意识一定要有。

建议：专人负责园所微信订阅号的内容规划，每天发布什么内容，每月发布什么内容，想要传递给家长什么理念，等等，都是要提前设计规划好的。

有效的微信推送内容，也是最好、最快的口碑传播手段。

写到这里，针对新开园各个阶段实操性的招生指导工作，我已经介绍完了，我们来回顾一下新开园招生各个阶段的工作关键点：

招生工作的四个阶段：

- **筹备期——造势　奠基品牌认知**
- **预热期——借力　渠道资源的有效利用**
- **招生期——走出去　吸引关注的高品质招生活动**
- **试开园期——迎进来　打动家长、留住孩子**

完成了这些工作，仅仅迈出了万里长征的第一步，幼儿园开园后的整体运营工作任重而道远，任何时期、任何阶段都不能掉以轻心。第一步迈好了，更要稳扎稳打地迈好之后的每一步，才是每一位园所管理者身上肩负的责任和使命。

我能帮大家的就到这里了！

最后，我特别想送给大家几句话，也是我这么多年每一次做开园工作的时候，时刻提醒自己承接这件事应该有的态度：

决胜关键

坚毅的、不达目的誓不罢休的心

真诚的、打动家长和孩子的态度

极致的、展示教育机构专业水准的细节

第五章　彰显特色——活动策划案例分享

一、户外活动：玩转艺术

<table>
<tr><th colspan="3">“玩转艺术”活动策划</th></tr>
<tr><td>主　　题</td><td colspan="2">玩转艺术</td></tr>
<tr><td>副　　题</td><td colspan="2">户外推广活动</td></tr>
<tr><td>活动目的</td><td colspan="2">·提升幼儿园知名度，扩大意向客户群体，促进招生；
·让家长感受到老师的专业和细心的服务；
·通过艺术创作，激发孩子的创造力和想象力，增进亲子关系。</td></tr>
<tr><td>时　　间</td><td colspan="2">××××年×月×日××:××—××:××</td></tr>
<tr><td>地　　点</td><td colspan="2">××××××</td></tr>
<tr><td>主办单位</td><td colspan="2">××××××</td></tr>
<tr><td>推广方式</td><td colspan="2"></td></tr>
<tr><td>活动对象</td><td colspan="2">2～6岁幼儿家庭</td></tr>
<tr><td>策 划 人</td><td colspan="2">××××××</td></tr>
<tr><td>参加人员</td><td colspan="2">××××××</td></tr>
<tr><td rowspan="15">物品准备</td><td>材料/设备名称</td><td>负责人</td></tr>
<tr><td>活动预约表3张</td><td></td></tr>
<tr><td>签字笔10支</td><td></td></tr>
<tr><td>记号笔3支</td><td></td></tr>
<tr><td>Logo姓名帖100张</td><td></td></tr>
<tr><td>展桌1张</td><td></td></tr>
<tr><td>易拉宝2个</td><td></td></tr>
<tr><td>Logo遮阳伞2个（摆放儿童活动区）</td><td></td></tr>
<tr><td>随手礼：Logo袋+宣传页+礼品（各150份）</td><td></td></tr>
<tr><td>Logo气球150个</td><td></td></tr>
<tr><td>小音箱1台+话筒（电量充足，提前充电）</td><td></td></tr>
<tr><td>小蜜蜂2个</td><td></td></tr>
<tr><td>U盘2个</td><td></td></tr>
<tr><td>Logo工作服：Logo围裙或LogoT恤（幼儿参加活动使用）</td><td></td></tr>
<tr><td>热身、开场+结束（音乐）</td><td></td></tr>
</table>

（续）

<table>
<tr><td colspan="4">"玩转艺术"活动策划</td></tr>
<tr><td colspan="2" rowspan="7">物品准备</td><td>24色油画棒4盒</td><td></td></tr>
<tr><td>涂鸦画纸150张（给出简单图形，如圆形、三角形）</td><td></td></tr>
<tr><td>儿童桌椅3张桌子、14把椅子</td><td></td></tr>
<tr><td>一次性桌布5块（预防桌子涂色）</td><td></td></tr>
<tr><td>湿纸巾1包（为幼儿擦手纸颜料）</td><td></td></tr>
<tr><td>手指谣《小手变魔术》，老师可自选</td><td></td></tr>
<tr><td colspan="2">备注：以上材料均根据各园所举办活动规模定数量</td></tr>
<tr><td colspan="2" rowspan="6">知识准备</td><td>知识内容</td><td>负责人</td></tr>
<tr><td>园区介绍、开班情况、优惠</td><td></td></tr>
<tr><td>学习开场、结束舞蹈</td><td></td></tr>
<tr><td>绘画创意指导介绍</td><td></td></tr>
<tr><td>销售话术</td><td></td></tr>
<tr><td>主持话术</td><td></td></tr>
<tr><td colspan="2">保 健 医</td><td colspan="2"></td></tr>
<tr><td colspan="2">参加人员</td><td colspan="2">活动总负责人：
活动安全负责人：
活动保健负责人：
家长接待：
活动主持人：
活动筹备负责人：
活动筹备小组：
潜在生安排负责人：
活动拍摄负责人：</td></tr>
<tr><td>项目</td><td>时间</td><td>内容</td><td>责任人</td></tr>
<tr><td rowspan="5">活动流程</td><td colspan="3">活动前</td></tr>
<tr><td rowspan="4">30分钟</td><td>1.摆放活动签到区和游戏区物品，播放热身音乐</td><td></td></tr>
<tr><td>2.一位老师在活动区域附近发放带Logo气球，告知家长活动时间、地点（如果有家长感兴趣但参加不了，留取信息，告知园区有活动可邀约）</td><td></td></tr>
<tr><td>3.签到区现场预约参加活动的家长，贴幼儿姓名帖，告知活动时间</td><td></td></tr>
<tr><td>4.签到区内给预约签到的家长发放随手礼（宣传品和礼品装Logo袋）</td><td></td></tr>
</table>

（续）

<table>
<tr><td colspan="4">“玩转艺术”活动策划</td></tr>
<tr><td rowspan="8">活动流程</td><td colspan="3">活动中</td></tr>
<tr><td rowspan="3">30分钟</td><td>1.开场语
组织家长和幼儿到指定区域，介绍园所和活动内容</td><td></td></tr>
<tr><td>2.开场舞
一位老师带领幼儿跳开场舞，第一遍老师可以一边打拍子一边教幼儿跳，第二遍跟着音乐跳，其他老师配合一起跳</td><td></td></tr>
<tr><td>3.创意绘画
邀请小朋友们入座，老师为小朋友穿好工作服；一名老师带领幼儿做手指操《小手变魔术》，做两遍；接下来一名老师为小朋友发放创意绘画材料，请小朋友自由创作，家长从旁协助，其他的教师配合并跟家长沟通；</td><td></td></tr>
<tr><td colspan="3">活动结束</td></tr>
<tr><td rowspan="2">10分钟</td><td>4.结束语：入园优惠、预约介绍和下次活动的时间</td><td></td></tr>
<tr><td>5.欢送宝宝：一名老师带领幼儿跳结束舞蹈《宝宝再见》，所有工作人员配合一起跳，请小朋友把工作服交给老师</td><td></td></tr>
</table>

备注：参加活动的小朋友可以单独进行，新来的幼儿可以随时加入游戏！

活动预案：

1.活动前勘察活动现场，排除安全隐患。

2.出现跌倒、轻微擦伤，保健医协助家长清理伤口，贴上创可贴。

3.出现比第2条严重的事故，第一时间报告活动安全负责人/活动总负责人。

4.出现危险情况/人物时，首先确保幼儿安全，然后按程序报告活动安全负责人/活动总负责人。

物品准备：急救箱

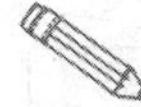

二、户外活动：仲夏夜之玩转海底世界

“仲夏夜之玩转海底世界”活动策划		
主　　题	仲夏夜之玩转海底世界	
副　　题	开园前预热活动	
活动目的	· 提升幼儿园知名度，扩大意向客户群体； · 收集有效名单、做好市场预热，为开园做准备。	
时　　间	××××年×月×日　××：××—××：××	
地　　点	××××××	
主办单位	××××××	
推广形式		
活动对象	2 ~ 6岁幼儿家庭	
策 划 人	×××	
参加人员	×××	
物品准备	材料/设备名称	负　责　人
	活动登记表	
	签字笔5支	
	记号笔1支	
	Logo姓名贴100张	
	二维码	
	签到桌1张	
	帐篷1个	
	Logo桌布1块	
	绘画背景布（4m×8m）1块	
	绘画笔及颜料若干（盘子、刷子、水、涮笔筒）	
	人偶服装	
	随手礼	
	音响、话筒、小蜜蜂、音乐	
	抽奖箱、抽奖卡、气球若干	
	干湿纸巾各2包	

（续）

"仲夏夜之玩转海底世界"活动策划			
知识储备		宣传单页20份	负责人
		学习（开场+结束+律动）舞蹈	
		游戏活动指导介绍	
		主持话术	
参加人员		活动总负责人： 活动安全负责人： 活动保健负责人： 家长接待： 活动主持人： 活动筹备负责人： 活动筹备小组： 活动拍摄负责人：	
项目	时间	内　容	责任人
活动流程	开场前		
	30分钟	1.摆放活动预约区和游戏区物品，播放热身音乐	
		2.老师在活动区域附近发放带Logo气球，告知家长活动时间	
		3.签到，家长填写抽奖卡、收集信息	
	活动中		
	40分钟	1.开场语：介绍幼儿园及招生情况	
		2.幼儿园企业之歌：教师集体表演企业之歌，彰显企业文化	
		3.主持人互动环节：再次介绍幼儿园，引导未留信息幼儿填写活动单	
		4.彩虹伞：所有教师引导小朋友玩游戏，鼓励爸爸妈妈们加入	
		5.互动舞蹈：教师带领现场所有人一起跳舞	
		6.游戏：吹泡泡之后和人偶一起跳舞	
		7.绘画活动：教师引导不同年龄阶段的幼儿用不同的形式绘画	
		8.宝贝再见	
	活动结束		
	30分钟	9.主持人活动结束语，整理现场	

备注：新来的幼儿可以随时加入游戏！

活动预案：

1.活动前勘察活动现场，排除安全隐患。

2.出现跌倒、轻微擦伤，保健医协助家长清理伤口，贴上创可贴。

3.出现比第2条严重的事故，第一时间报告活动安全负责人/活动总负责人。

4.出现危险情况/人物时，首先确保幼儿安全，然后按程序报告活动安全负责人/活动总负责人。

物品准备：急救箱

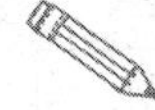

三、户外活动：悦读绘本

“悦读绘本”活动策划		
主　题	悦读绘本	
副　题	绘本阅读分享	
活动目的	· 提升幼儿园知名度，扩大意向客户群体，促进招生； · 让家长感受到老师的专业和细心的服务； · 让幼儿感受阅读的兴趣和规则，对幼儿的各方面发展都有良好的促进作用。	
时　间	××××年×月×日 ××:××-××:××	
地　点	××××××	
主办单位	××××××	
推广方式		
活动对象	2 ~ 6岁幼儿家庭	
策 划 人	××××××	
参加人员	××××××	
物品准备	材料/设备名称	负　责　人
	活动签到表3张	
	签字笔10支	
	记号笔3支	
	Logo姓名帖100张	
	展桌1张	
	易拉宝2个	
	Logo遮阳伞2个（摆放绘本阅读区）	园区
	随手礼：Logo袋+宣传页+礼品（各150份）	
	Logo气球150个	
	小音箱1台+话筒（电量充足，提前充电）	
	小蜜蜂2个	
	U盘2个	
	热身、开场+结束+轻音乐（音乐）	
	Logo工作服：Logo围裙/LogoT恤（进入绘本阅读区时使用）	

（续）

<table>
<tr><th colspan="4">“悦读绘本”活动策划</th></tr>
<tr><td colspan="2" rowspan="6">物品准备</td><td>1本绘本故事（园所可自行选择故事）有条件的可以做成大张故事卡或PPT播放讲述；</td><td></td></tr>
<tr><td>绘本书籍（若干）足够活动中小朋友阅读量</td><td></td></tr>
<tr><td>儿童桌椅3张桌子、14把椅子</td><td></td></tr>
<tr><td>隔离线或塑料栅栏若干，围出绘本阅读区域</td><td></td></tr>
<tr><td>绘本放置展架（根据书籍数量准备）</td><td></td></tr>
<tr><td colspan="2">备注：以上材料均根据各园所举办活动规模定数量</td></tr>
<tr><td colspan="2" rowspan="6">知识准备</td><td>知识内容</td><td>负责人</td></tr>
<tr><td>园区介绍、开班情况、优惠</td><td></td></tr>
<tr><td>学习（开场+结束）舞蹈</td><td></td></tr>
<tr><td>熟练需讲解的绘本故事内容</td><td></td></tr>
<tr><td>销售话术</td><td></td></tr>
<tr><td>主持话术</td><td></td></tr>
<tr><td colspan="2">保 健 医</td><td colspan="2"></td></tr>
<tr><td colspan="2">参加人员</td><td colspan="2">活动总负责人：
活动安全负责人：
活动保健负责人：
家长接待：
活动主持人：
活动筹备负责人：
活动筹备小组：
潜在生安排负责人：
活动拍摄负责人：</td></tr>
<tr><td>项目</td><td>时间</td><td>内　　容</td><td>责任人</td></tr>
<tr><td rowspan="5">活动流程</td><td colspan="3">活动前（绘本区暂不开放）</td></tr>
<tr><td rowspan="4">30分钟</td><td>1.摆放活动签到区和游戏区物品，播放热身音乐</td><td></td></tr>
<tr><td>2.一位老师在活动区域附近发放带Logo气球，告知家长活动时间地点（如果有家长感兴趣但参加不了，留取信息，告知园所有活动可邀约）</td><td></td></tr>
<tr><td>3.签到区现场预约参加活动的家长，贴幼儿姓名贴，告知活动时间</td><td></td></tr>
<tr><td>4.签到区内给预约签到的家长发放随手礼（宣传品和礼品装Logo袋）</td><td></td></tr>
</table>

（续）

<table>
<tr><th colspan="4">“悦读绘本”活动策划</th></tr>
<tr><td rowspan="10">活动流程</td><td colspan="3">活动中</td></tr>
<tr><td rowspan="4">60分钟</td><td>1.开场语
组织家长和幼儿到指定区域，主持人介绍幼儿园和本次活动的目的</td><td></td></tr>
<tr><td>2.开场舞蹈
老师带领幼儿跳开场舞，第一遍老师可以一边打拍子一边教幼儿跳，第二遍跟着音乐跳，其他老师配合一起跳</td><td></td></tr>
<tr><td>3.绘本故事
邀请小朋友们进入绘本区入座，老师为小朋友穿好工作服；一位老师首先为小朋友讲一遍绘本故事，第二遍讲穿插提问互动环节</td><td></td></tr>
<tr><td>4.绘本阅读分享
故事结束后，介绍阅读绘本要求，家长和小朋友可以自取绘本故事，请家长协助幼儿，其他的教师配合并跟家长沟通（绘本故事环节播放轻音乐）</td><td></td></tr>
<tr><td colspan="3">活动结束</td></tr>
<tr><td rowspan="2">10分钟</td><td>5.结束语：介绍入园优惠预约下次活动的时间；请小朋友把书放回原处</td><td></td></tr>
<tr><td>6.欢送小朋友：一位老师带领幼儿跳结束舞蹈《宝宝再见》，所有工作人员配合一起跳，工作服交给老师。</td><td></td></tr>
</table>

备注：参加活动的小朋友可以单独进行，新来的幼儿可以随时加入游戏！

活动预案：

1.活动前勘察活动现场，排除安全隐患。

2.出现跌倒、轻微擦伤，保健医协助家长清理伤口，贴上创可贴。

3.出现比第2条严重的事故，第一时间报告活动安全负责人/活动总负责人。

4.出现危险情况/人物时，首先确保幼儿安全，然后按程序报告活动安全负责人/活动总负责人。

物品准备：急救箱

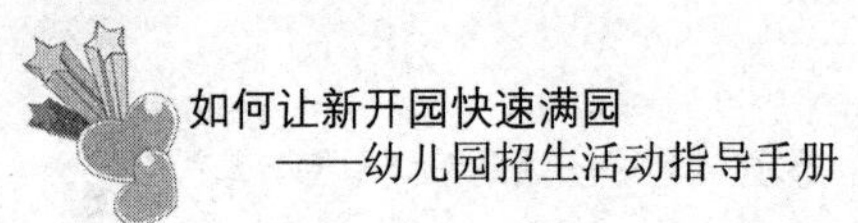

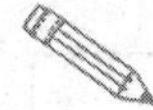

四、户外活动：国学经典教育

“国学经典教育”活动策划		
主　　题	国学经典教育	
副　　题	社区活动	
活动目的	· 提升品牌知名度，促进品牌形象宣传； · 扩大意向客户群体，为客户提供增值服务。	
时　　间	××××年×月×日 ××:××—××:××	
地　　点	××××××	
主办单位	××××××	
推广方式		
活动对象	2 ~ 6岁幼儿家庭	
策 划 人	××××××	
参加人员	××××××	
物品准备	材料/设备名称	负责人
	签字笔10支	
	抽奖箱1个，抽奖卡若干	
	签到桌1张（有桌布）	
	宣传单页100份	
	二维码水牌1个	
	门型展架2个	
	随手礼50份	
	国学课专用书桌若干	
	音响1台（充电）、话筒1个（充电）	
	国学礼仪:（教幼儿问好礼仪）	
	U盘1个放《拍手歌》音乐	
	风筝DIY：风筝40个（带材料包）	
	礼品：一等奖1个/二等奖2个/三等奖3个	
	U盘2个/背景音乐（古诗新唱）	
	备注：以上材料均根据各园所举办活动规模定数量	

（续）

<table>
<tr><td colspan="4">“国学经典教育”活动策划</td></tr>
<tr><td rowspan="5" colspan="2">知识准备</td><td>知识内容</td><td>负责人</td></tr>
<tr><td>园所介绍、开班情况、优惠政策方案</td><td></td></tr>
<tr><td>游戏材料</td><td></td></tr>
<tr><td>国学礼仪课</td><td></td></tr>
<tr><td>主持稿</td><td></td></tr>
<tr><td colspan="2">保 健 医</td><td colspan="2"></td></tr>
<tr><td colspan="2">参加人员</td><td colspan="2">活动总负责人：
活动安全负责人：
活动保健负责人：
家长接待：
活动主持人：
活动筹备负责人：
活动筹备小组：
潜在生安排负责人：
活动拍摄负责人：</td></tr>
<tr><td>项目</td><td>时间</td><td>内　　容</td><td>责任人</td></tr>
<tr><td rowspan="14"></td><td colspan="3">活动前</td></tr>
<tr><td rowspan="5">30分钟</td><td>1.摆放活动签到区物料，播放背景音乐</td><td></td></tr>
<tr><td>2.摆放活动区物料</td><td></td></tr>
<tr><td>3.音频设备负责人</td><td></td></tr>
<tr><td>4.所有老师保持精神饱满的状态迎接家长</td><td></td></tr>
<tr><td>5.2位老师在小区发放宣传单页告知本次活动场地及时间</td><td></td></tr>
<tr><td colspan="3">活动中</td></tr>
<tr><td rowspan="5">60分钟</td><td>1.开场前：组织家长和幼儿到指定区域，介绍全日制幼儿部和活动内容</td><td></td></tr>
<tr><td>2.开场
· 主持人开场，其他老师引导幼儿到指定区域活动
· 背景音乐调低声音
· 2位老师维持秩序</td><td></td></tr>
<tr><td>3.国学礼仪课：教幼儿问候礼仪</td><td></td></tr>
<tr><td>抽取三等奖：3名（主持人亲自抽取3个奖号，× × 老师负责发奖、1位老师负责拿奖箱）</td><td></td></tr>
<tr><td>4.拍手歌：首先老师们配合音乐一起示范，
第二遍没有音乐，老师教大家动作
第三遍一起配合音乐律动（× × 老师负责音乐播放）</td><td></td></tr>
</table>

（续）

“国学经典教育”活动策划			
	60分钟	抽取二等奖：2名（主持人邀请2位小朋友抽奖，××老师负责发奖、1位老师负责拿奖箱）	
		5.风筝DIY：主持人带领小朋友们制作风筝，2位老师配合	
		抽取一等奖：1名主持人邀请2位小朋友抽奖，××老师负责发奖、1位老师负责拿奖箱）	
	活动结束		
	30分钟	6.结束:家长离开后，整理活动现场	

备注：参加活动的小朋友可以单独进行，新来的幼儿可以随时加入游戏!

活动预案：

1.活动前勘察活动现场，排除安全隐患。

2.出现跌倒、轻微擦伤，保健医协助家长清理伤口，贴上创可贴。

3.出现比第2条严重的事故，第一时间报告活动安全负责人/活动总负责人。

4.出现危险情况/人物时，首先确保幼儿安全，然后按程序报告活动安全负责人/活动总负责人。

物品准备：急救箱

五、户外活动：气球魔幻秀

“气球魔幻秀”活动策划		
主　　题	社区推广活动气球魔幻秀	
副　　题	社区推广活动	
活动目的	·为社区业主提供专属增值服务，丰富社区的文化活动； ·提升幼儿园知名度，扩大意向客户群体，促进招生； ·让家长感受到老师的专业和细心的服务。	
时　　间	××××年×月×日 ××:××—××:××	
地　　点	××××××	
主办单位	××××××	
推广方式		
活动对象	2～4岁幼儿家庭(15组家庭到场)	
策 划 人	××××××	
参加人员	××××××	
物品准备	材料/设备名称	负责人
	活动预约表3张	
	签字笔10支	
	记号笔3支	
	Logo名帖100张	
	展桌1张	
	易拉宝2个	
	Logo遮阳伞2个（摆放儿童活动区）	
	随手礼：Logo袋+宣传页+礼品（各150份）	
	小音箱1台+话筒1个（电量充足，提前充电）	
	U盘2个	
	Logo工作服：Logo围裙或LogoT恤（幼儿参加活动使用）	
	热身、开场+结束（音乐）	
	彩色气球300个	
	彩色小鱼或小猪身体配件80份（任选其一）	
	气球绳100段	

（续）

<table>
<tr><td colspan="4">“气球魔幻秀”活动策划</td></tr>
<tr><td colspan="2" rowspan="4">物品准备</td><td>双面胶5卷</td><td></td></tr>
<tr><td>儿童桌椅3组（3张桌子、14把椅子）</td><td></td></tr>
<tr><td>律动音乐《小鱼游游》/《小猪操》音乐</td><td></td></tr>
<tr><td colspan="2">备注：以上材料均根据各园所举办活动规模定数量</td></tr>
<tr><td colspan="2" rowspan="7">知识准备</td><td>知识内容</td><td>负责人</td></tr>
<tr><td>园区介绍、开班情况、优惠</td><td></td></tr>
<tr><td>《小黑鱼》绘本故事</td><td></td></tr>
<tr><td>学习（开场+结束+律动）舞蹈</td><td></td></tr>
<tr><td>手工指导介绍</td><td></td></tr>
<tr><td>销售话术</td><td></td></tr>
<tr><td>主持话术</td><td></td></tr>
<tr><td colspan="2">保 健 医</td><td colspan="2"></td></tr>
<tr><td colspan="2">参加人员</td><td colspan="2">活动总负责人：
活动安全负责人：
活动保健负责人：
家长接待：
活动主持人：
活动筹备负责人：
活动筹备小组：
潜在生安排负责人：
活动拍摄负责人：</td></tr>
<tr><td>项目</td><td>时间</td><td>内　　容</td><td>责任人</td></tr>
<tr><td rowspan="9">活动流程</td><td colspan="3">活动前</td></tr>
<tr><td rowspan="4">30分钟</td><td>1.摆放活动签到区和游戏区物品，播放热身音乐，活动区气球布置</td><td></td></tr>
<tr><td>2.一位老师在活动区域附近发放带Logo气球，告知家长活动时间地点（如果有家长感兴趣但参加不了，留取信息，告知园所有活动可邀约）</td><td></td></tr>
<tr><td>3.签到区现场预约参加活动的家长，贴幼儿姓名贴，告知活动时间</td><td></td></tr>
<tr><td>4.签到区内预约签到的家长发放随手礼（宣传品+礼品装袋）</td><td></td></tr>
<tr><td colspan="3">活动中</td></tr>
<tr><td rowspan="2">40分钟</td><td>1.开场语：组织家长和幼儿到指定区域，介绍园所和活动内容。</td><td></td></tr>
<tr><td>2.开场舞：一位老师带领幼儿跳开场舞，其他老师配合一起跳（根据情况最多跳2遍）。</td><td></td></tr>
</table>

（续）

“气球魔幻秀”活动策划			
活动流程	40分钟	3.气球魔幻秀：邀请小朋友们入座，老师为小朋友穿好工作服；一名老师为小朋友发放材料，发放完毕后，另一名教师介绍气球手工的做法，做示范，指导幼儿做气球手工，家长从旁协助，其他的教师配合并跟家长沟通。	
		4.延伸活动：超过5个孩子同时做手工，可在作品完成后做一个音乐律动如：《小鱼游游》《小猪操》等，贴合手工主题的音乐。	
	活动结束		
	10分钟	5.结束语：入园优惠预约介绍和下次活动时间告知。	
		6.欢送幼儿：一名老师带领幼儿跳结束舞蹈《宝宝再见》，所有工作人员配合一起跳，请小朋友把工作服交给老师。	

备注：参加活动的小朋友可以单独进行，新来的幼儿可以随时加入游戏！

活动预案：

1.活动前勘察活动现场，排除安全隐患。

2.出现跌倒、轻微擦伤，保健医协助家长清理伤口，贴上创可贴。

3.出现比第2条严重的事故，第一时间报告活动安全负责人/活动总负责人。

4.出现危险情况/人物时，首先确保幼儿安全，然后按程序报告活动安全负责人/活动总负责人。

物品准备：急救箱

注：以下为手工样例，老师可自行创意。

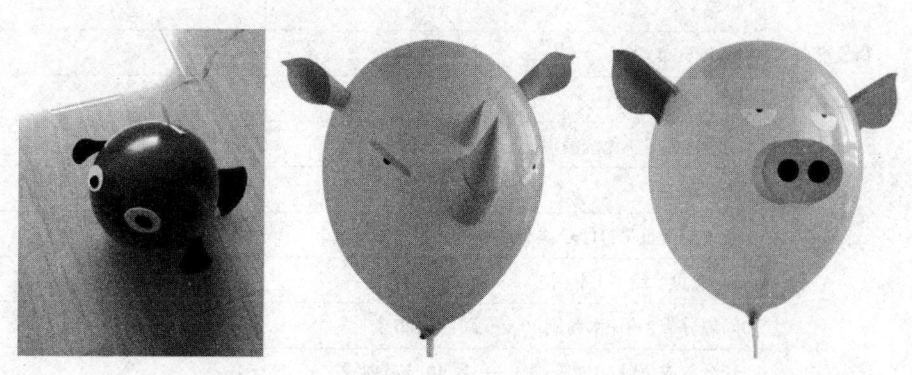

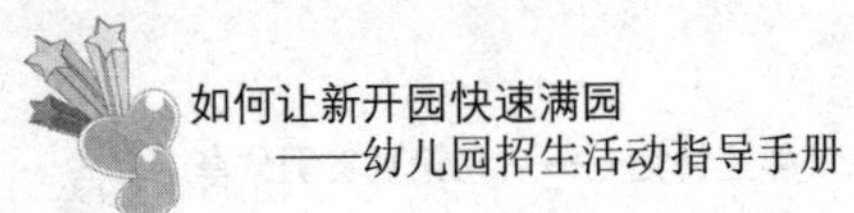

六、入园体验：小黑鱼历险记

“小黑鱼历险记”活动策划		
主　　题	小黑鱼历险记	
副　　题	入园体验活动	
活动目的	·通过入园体验活动，感受教师专业水平，提升认知度； ·增加意向客户群体，提升转化率。	
时　　间	××××年×月×日 ××:××—××:××	
地　　点	××××××	
主办单位	××××××	
推广方式		
活动对象	2～4岁幼儿家庭(15组家庭到场)	
策 划 人	××××××	
参加人员	××××××	
物品准备	**材料/设备名称**	**负责人**
	活动登记表	
	签字笔5支	
	记号笔1支	
	Logo姓名贴40张场活动	
	二维码	
	签到桌1张	
	帐篷1个	
	Logo桌布1块	
	宣传单页20份	
	检查体温计+免洗消毒液	
	彩虹伞	
	涂鸦广告布（打印小黑鱼的画面，拆分成2块）	
	《小黑鱼》绘本1本	
	丙烯分成2份+水粉刷40支+调色盘20个	
	彩纸剪成鱼鳍50对需画线+鱼尾40条需划线	
	气球50个/场	

（续）

"小黑鱼历险记"活动策划		
物品准备	打气筒10个	
	小木棍25根/场	
	鱼眼珠50对/场	
	毛线30米（分成段，每段25cm）	
	双面胶10卷/场活动	
	餐车+餐车布1套	
	一次性手套+口罩个2套	
	一次性Logo纸杯80个/场，提前用水壶晾好饮用水	
	餐巾纸2包	
	儿童餐盘25个/场	
	坚果+饮品+烘焙饼干+手指香蕉	
	格子桌布4块、儿童桌椅4套、拼插玩具若干	
	门型展架2个（拦截一楼通往二楼的入口）	
	音响1台、话筒1个（提前充电）	
	暖场音乐、宣传片、《欢乐跳》、《小鱼游游》	
	相机	
知识准备	知识内容	负责人
	园区介绍、开班情况、优惠	
	《小黑鱼》绘本故事	
	学习《欢乐跳》舞蹈	
	手工指导介绍	
	主持话术	
保 健 医		
参加人员	活动总负责人： 活动安全负责人： 活动保健负责人： 家长接待： 活动主持人： 活动筹备负责人： 活动筹备小组： 活动拍摄负责人：	

（续）

“小黑鱼历险记”活动策划			
项目	时间	内　　容	责任人
	提前一天		
活动流程		周五电话温馨提醒家长：我们明天入园体验的活动内容特别丰富，爸爸妈妈今晚一定让宝贝早点睡觉哦，明天精力充沛地参加活动。另外，爸爸妈妈可以不用为宝贝准备饮用水，我们都已经准备好啦！	
		布置大厅和摆放源艺术工场活动物品	
	活动当日		
	30分钟	1.播放暖场音乐、LED宣传片、加餐教室企业宣传片准备，摆放加餐教室桌椅、准备《欢乐跳》+《小鱼游游》音乐	
		2.签到处：保安亭旁边摆放帐篷和签到区物品	
		3.户外游戏区：摆放户外游戏物品	
		4.源艺术工场：摆放艺术工厂活动物品	
		5.加餐区：一楼教室摆放加餐区物品	
		6.儿童休息区：一楼大厅处摆放儿童桌椅4套和玩具，供活动开场前幼儿使用	
		7.大厅通往二楼入口暂时拦截（两个展架放在大厅的左右两个口、室内操场通往二楼的入口拦截）	
	60分钟	1.签到暖场： 负责签到，为孩子贴姓名贴（及时电话回访没来的家长） 为小朋友做常规入园检查（测体温+涂免洗消毒液） 引导家长进入园区，到大厅儿童休息区暂时休息 儿童区和小朋友互动暖场	
		2.开场： 开场语（引导小朋友到室内草坪处） 暖场音乐暂停，所有老师聚集在活动场地协助	
		3.开场舞 主持人邀请老师们做开场舞表演，鼓励小朋友和爸爸妈妈们一起跳 所有人一起跳，展示老师的风采	
		4.互动游戏 主持人带领小朋友彩虹伞互动“一网不捞鱼”的游戏。游戏结束后，通过“包饺子”的游戏把彩虹伞收起来 其他老师协助	

（续）

"小黑鱼历险记"活动策划			
活动流程	60分钟	5.小黑鱼绘本故事 老师邀请小朋友到自己的"家-源艺术工场"做客，讲故事。（讲完故事其他老师为小朋友穿工作服） 指引小朋友上楼，上楼提醒小朋友按顺序上下楼，培养常规意识 （背景布涂鸦：小朋友上楼后，老师在绘画区摆放涂鸦材料）	
		6.制作小黑鱼 老师带领小朋友制作小黑鱼（2位老师负责发放制作材料） 其他老师协助秩序	
		7.小鱼游游 制作完成后播放《小鱼游游》的音乐，邀请小朋友带着自己的小鱼游游，游到一楼草坪操场（绘画区）	
		8.创意涂鸦 老师带领小朋友和家长进行创意涂鸦（老师把家长分成两组后，告诉小朋友可以用线条、点的方式进行涂鸦） 其他老师配合，加餐教室准备 小朋友涂鸦结束后，把两组幼儿的作品拼在一起，并引导小朋友们拿着自己做的小黑鱼站在背景布上面组成一条大的小黑鱼 合影拍照留念 涂鸦结束，带领小朋友去一楼公共卫生间洗手、入厕	
		9.入厕，加餐 老师在洗手池旁为小朋友发干纸巾擦手 为每一位小朋友发间点（坚果和饼干放到盘子里面） （小朋友吃东西时，课程顾问介绍入园政策、家长可以直接咨询）	
	活动结束		
	30分钟	活动结束 其他小朋友可以继续在一楼大厅玩，老师可以带着小朋友在大厅玩玩具（提供二次销售机会） 活动反思、总结归档	

活动预案：

1.活动前勘察活动现场，排除安全隐患。

2.出现跌倒、轻微擦伤，保健医协助家长清理伤口，贴上创可贴。

3.出现比第2条严重的事故，第一时间报告活动安全负责人/活动总负责人。

4.出现危险情况/人物时，首先确保幼儿安全，然后按程序报告活动安全负责人/活动总负责人。

物品准备：急救箱

七、入园体验：暖冬公益行

"暖冬公益行"活动策划		
主　　题	暖冬公益行	
副　　题	走进社区系列主题活动	
活动目的	·通过邀约家长参加活动，推出幼儿园品牌，提升认知度，收集有效信息； ·引导家长正确的育儿观念，提升对幼儿教育的重视程度； ·家长感受幼儿园老师的专业度，提升对幼儿园信任度。	
时　　间	××××年×月×日 ××:××—××:××	
地　　点	××××××	
主办单位	××××××	
推广形式		
活动对象	2～3岁幼儿家庭（30个家庭，具体家庭数根据场地情况定）	
策 划 人	××××××	
参加人员	××××××	
物品准备	材料/设备名称	负责人
	签到桌1张（Logo桌布1块）	
	二维码水台1个	
	签到表2张	
	签字笔2支	
	门型展架2个	
	课程卡	
	毕业证书	
	卫生保健用品（免洗消毒液）	
	上课课件	
	音乐	
	随手礼（Logo袋子、会刊、礼物）	
	入园参观券	
	准备话题讨论主题	
知识准备	知识内容	负责人
	园所班级情况介绍	

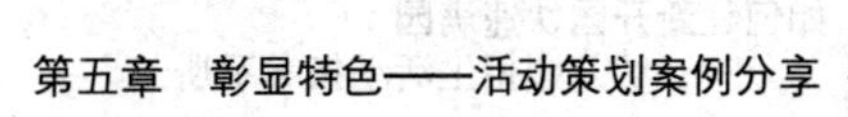

（续）

“暖冬公益行”活动策划			
知识准备		学习《欢乐跳》舞蹈	
		课程模拟演示	
		主持话术	
保 健 医			
参加人员		活动总负责人： 活动安全负责人： 活动保健负责人： 家长接待： 活动主持人： 活动筹备负责人： 活动筹备小组： 活动拍摄负责人：	
项目	时间	内　　容	责任人
	活动前		
	30分钟	1.提前联系好社区场地，做好安全预案，提前宣传招募	
		2.准备好教室宣讲课件、DIY材料、宣品、随手礼、音乐、签到区物料	
		3.教师精神状态饱满，积极主动热情地迎接家长	
		4.为小朋友做常规检查（测体温+涂免洗消毒液）	
	活动中（6次走进社区主题活动）		
	40分钟	第一次系列活动 幼儿课程（40分钟） 专家育儿话题分享互动（20分钟）:这个冬天，你的宝贝吃对了吗?	
		第二次系列活动 幼儿课程（40分钟） 专家育儿话题分享互动（20分钟）:对流感Say“No”！	
		第三次系列活动 幼儿课程（40分钟） 专家育儿话题分享互动（20分钟）:这个玩具是“我”的!	
		第四次系列活动 幼儿课程（40分钟） 专家育儿话题分享互动（20分钟）:亲子阅读“玩转”绘本!	

（续）

“暖冬公益行”活动策划			
	40分钟	第五次系列活动 幼儿课程（40分钟） 专家育儿话题分享互动（20分钟）：每个宝贝都是艺术家！	
		第六次系列活动 幼儿课程（40分钟） 园长话题分享互动（20分钟）：宝贝即将入园，我要怎么办？ 此次为家长说明会+幼儿毕业，转化入园	
	活动结束		
	30分钟	家长离开，赠送随手礼 活动反思、总结归档	

活动预案：

1.活动前勘察活动现场，排除安全隐患。

2.出现跌倒、轻微擦伤，保健医协助家长清理伤口，贴上创可贴。

3.出现比第2条严重的事故，第一时间报告活动安全负责人/活动总负责人。

4.出现危险情况/人物时，首先确保幼儿安全，然后按程序报告活动安全负责人/活动总负责人。

物品准备：急救箱

八、入园体验：大手牵小手

<table>
<tr><th colspan="3">“大手牵小手”活动策划</th></tr>
<tr><td>主　　题</td><td colspan="2">大手牵小手</td></tr>
<tr><td>副　　题</td><td colspan="2">感恩节活动</td></tr>
<tr><td>活动目的</td><td colspan="2">· 通过活动，使潜在家长了解幼儿园教育理念；
· 通过活动使幼儿、家长拉近教师之间的关系；
· 体验园所品质活动，满足家长需求，促进转化入园。</td></tr>
<tr><td>时　　间</td><td colspan="2">××××年×月×日　××:××—××:××</td></tr>
<tr><td>地　　点</td><td colspan="2">××××××</td></tr>
<tr><td>主办单位</td><td colspan="2">××××××</td></tr>
<tr><td>推广方式</td><td colspan="2"></td></tr>
<tr><td>活动对象</td><td colspan="2">2 ～ 6岁幼儿家庭</td></tr>
<tr><td>策 划 人</td><td colspan="2">××××××</td></tr>
<tr><td>参加人员</td><td colspan="2">××××××</td></tr>
<tr><td rowspan="13">物品准备</td><td>材料/设备名称</td><td>负责人</td></tr>
<tr><td>活动表3张</td><td></td></tr>
<tr><td>签字笔10支</td><td></td></tr>
<tr><td>记号笔3支</td><td></td></tr>
<tr><td>带Logo名帖100张</td><td></td></tr>
<tr><td>展桌1张</td><td></td></tr>
<tr><td>易拉宝2个</td><td></td></tr>
<tr><td>音响、话筒（提前充电）</td><td></td></tr>
<tr><td>感恩节头饰材料</td><td></td></tr>
<tr><td>感恩节故事、背景音乐、感恩节舞蹈</td><td></td></tr>
<tr><td>暖场音乐、U盘</td><td></td></tr>
<tr><td>彩虹伞游戏</td><td></td></tr>
<tr><td>随手礼（Logo袋子、会刊、礼物）</td><td></td></tr>
<tr><td rowspan="5">知识准备</td><td>知识内容</td><td>负责人</td></tr>
<tr><td>园所班级情况介绍</td><td></td></tr>
<tr><td>学习暖场舞蹈</td><td></td></tr>
<tr><td>课程模拟演示</td><td></td></tr>
<tr><td>主持话术</td><td></td></tr>
</table>

（续）

“大手牵小手”活动策划			
保 健 医			
参加人员		活动总负责人： 活动安全负责人： 活动保健负责人： 家长接待： 活动主持人： 活动筹备负责人： 活动筹备小组： 潜在生安排负责人： 活动拍摄负责人：	
项目	时间	内　　容	责任人
	活动前		
		1.提前联系好社区场地，做好安全预案，提前宣传招募	
		2.布置好所有物料，做好模拟彩排（不止一次，当日再过流程）	
		3.教师精神状态饱满，积极主动热情的迎接家长	
		4.为小朋友做常规检查（测体温+涂免洗消毒液）	
		5.感恩节活动邀约：制作邀约微单、活动通知	
	活动中		
	60分钟	1.签到 教师统一着装；入园消毒； 家长签到并穿鞋套进入活动场地；幼儿贴Logo名帖； 参观班级、亲子探索时间	
		2.欢乐跳+感恩节舞蹈 所有老师一起跳	
		3.亲子暖心抱 爱的抱抱+亲亲我的宝贝	
		4.游戏环节 宝宝之歌+彩虹伞游戏	
		5.DIY环节 制作感恩节头饰，并与作品合影	
	活动结束		
	30分钟	家长离开，赠送随手礼 收拾材料、清洁场地 活动总结、反思归档	

活动预案：

1.活动前勘察活动现场，排除安全隐患。

2.出现跌倒、轻微擦伤，保健医协助家长清理伤口，贴上创可贴。

3.出现比第2条严重的事故，第一时间报告活动安全负责人/活动总负责人。

4.出现危险情况/人物时，首先确保幼儿安全，然后按程序报告活动安全负责人/活动总负责人。

物品准备：急救箱

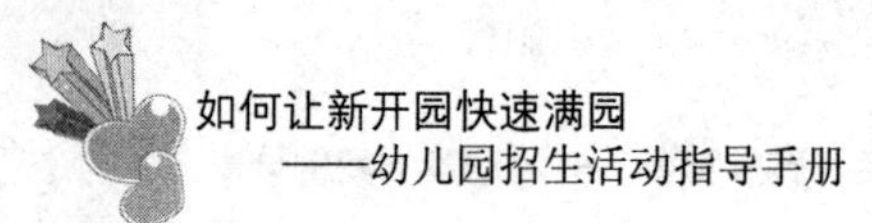

九、入园体验：童年好友见证Party

“童年好友见证Party”活动策划		
主　　题	童年好友见证Party	
副　　题	感恩节活动	
活动目的	·提升幼儿园知名度，促进品牌形象宣传，扩大意向客户群体，促进招生； ·通过活动使家长感受到老师的专业和细心的服务； ·引导小朋友学会表达“爱”，培养感恩的意识。	
时　　间	××××年×月×日 ××:××—××:××	
地　　点	××××××	
主办单位	×××××	
推广方式		
活动对象	2～6岁幼儿家庭	
策 划 人	××××××	
参加人员	××××××	
物品准备	材料/设备名称	负责人
	活动签到表3张	
	签字笔10支	
	记号笔3支	
	Logo名帖100张	
	展桌1张	
	易拉宝2个	
	随手礼：Logo袋+宣传页+礼品（各150份）	
	Logo气球150个	
	小音箱1台+话筒1个（电量充足，提前充电）	
	U盘2个	
	热身、开场+结束（音乐）	
	应选游戏材料	
	优惠政策海报	
	教室胸牌	
	定制相框	
	幼儿园宣传片	
	备注：以上材料均根据各园所举办活动规模确定数量	

（续）

<table>
<tr><td colspan="5">“童年好友见证Party”活动策划</td></tr>
<tr><td colspan="2" rowspan="6">知识准备</td><td>知识内容</td><td colspan="2">负责人</td></tr>
<tr><td>园所介绍、开班情况、优惠政策方案</td><td colspan="2"></td></tr>
<tr><td>感恩视频（每位幼儿）</td><td colspan="2"></td></tr>
<tr><td>销售话术</td><td colspan="2"></td></tr>
<tr><td>主持稿</td><td colspan="2"></td></tr>
<tr><td>幼儿节目《感恩的心》《妈妈我要亲亲你》</td><td colspan="2"></td></tr>
<tr><td colspan="2">保 健 医</td><td colspan="3"></td></tr>
<tr><td colspan="2">参加人员</td><td colspan="3">活动总负责人：
活动安全负责人：
活动保健负责人：
家长接待：
活动主持人：
活动筹备负责人：
活动筹备小组：
潜在生安排负责人：
活动拍摄负责人：</td></tr>
<tr><td>项目</td><td>时间</td><td colspan="2">内　　容</td><td>责任人</td></tr>
<tr><td rowspan="10">活动流程</td><td colspan="4">活动前</td></tr>
<tr><td rowspan="3">30分钟</td><td colspan="2">1.摆放活动签到区和活动物料，播放背景音乐</td><td></td></tr>
<tr><td colspan="2">2.所有老师保持精神饱满的状态迎接家长</td><td></td></tr>
<tr><td colspan="2">3.准备报名手续</td><td></td></tr>
<tr><td colspan="4">活动中</td></tr>
<tr><td rowspan="4">60分钟</td><td colspan="2">1.开场语：组织家长和幼儿到指定区域，介绍园所和活动内容</td><td></td></tr>
<tr><td colspan="2">2.开场舞：
一位老师带领幼儿跳开场舞，第一遍老师可以一边打拍子一边教幼儿跳，第二遍跟着音乐跳，其他老师配合一起跳
手语：《感恩的心》、所有小朋友送给爸爸妈妈的礼物</td><td></td></tr>
<tr><td colspan="2">3.DIY制作：
邀请小朋友们入座，老师为小朋友穿好工作服；一名老师演示自己事先穿好的项链，介绍方法后，另一名老师为小朋友发放制作项链材料，请小朋友自由创作，家长从旁协助，其他的教师配合并跟家长沟通（老师根据废旧材料再利用的原则介绍本次手工，教育小朋友保护环境）</td><td></td></tr>
<tr><td colspan="2">4.为妈妈送项链：
幼儿把自己亲手制作的项链送给妈妈，轻轻地对妈妈说“我爱你”“辛苦啦”（鼓励幼儿感谢爸爸妈妈，同时也鼓励爸爸妈妈互相感谢）</td><td></td></tr>
</table>

（续）

"童年好友见证Party"活动策划			
活动流程	60分钟	5.宣传片播放： （每个小朋友提前录一段感谢爸爸妈妈说话的视频）播放宣传片，为爸爸妈妈送上惊喜 爱的抱抱：播放《妈妈我要亲亲你》鼓励小朋友和爸爸妈妈抱抱，互相说一句"我爱你，辛苦啦"	
		6.感恩节冷餐会： 邀请大家一起用餐，品尝食物 保健医介绍食谱	
	活动结束		
	30分钟	7.结束语：教育咨询顾问介绍入园优惠政策。做好家长咨询工作。	

活动预案：

1.活动前勘察活动现场，排除安全隐患。

2.出现跌倒、轻微擦伤，保健医协助家长清理伤口，贴上创可贴。

3.出现比第2条严重的事故，第一时间报告活动安全负责人/活动总负责人。

4.出现危险情况/人物时，首先确保幼儿安全，然后按程序报告活动安全负责人/活动总负责人。

物品准备：急救箱

十、入园体验：闹新春　迎庙会

“闹新春　迎庙会”活动策划		
主　　题	闹新春　迎庙会	
副　　题	大型亲子入园活动方案	
活动目的	·让孩子体验中国传统节日的热闹、喜庆； ·通过活动了解春节庙会的形式和文化； ·邀约新名单入园体验幼儿园办园品质，促进招生。	
时　　间	××××年×月×日　××:××—××:××	
地　　点	××××××	
主办单位	××××××	
活动对象	2 ~ 6岁幼儿家庭	
策 划 人	××××××	
参加人员	××××××	
物品准备	材料/设备名称	负责人
	活动表3张	
	签字笔10支	
	记号笔3支	
	Logo名帖100张	
	展桌1张	
	易拉宝2个	
	Logo遮阳伞	
	竞技材料：闯关卡、竞技闯关印章	
	灯谜：灯笼、谜语若干	
	幼儿自备年货	
	爱心证书	
	兑换奖品	
	猴年主题或过年主题的手工制作3 ~ 5个	
	简餐、饮用水、午点	

（续）

“闹新春　迎庙会”活动策划		
知识准备	知识内容	负责人
	入园优惠政策、班级情况介绍	
	学习《欢乐跳》舞蹈	
	活动模拟演示	
	主持话术	
保 健 医		
参加人员	活动总负责人： 活动安全负责人： 活动保健负责人： 家长接待： 活动主持人： 活动筹备负责人： 活动筹备小组： 潜在生安排负责人： 活动拍摄负责人：	

项目	时间	内　　容	责任人
活动流程	活动前		
	30分钟	准备好所有物料，做好模拟彩排	
		教师精神状态饱满，积极主动热情的迎接家长	
		提前布场、各个活动区域物料摆放齐全	
	活动中		
	90分钟	1.签到 教师统一着装；家长签到并进入活动场地；幼儿贴Logo名帖	
		2.活动舞蹈开场 所有教师组织现场小朋友一起跳，调动现场气氛	
		3.活动时间6个活动区域 **竞技区** 猴年主题或过年主题的手工制作3 ~ 5个，每完成一个竞技项目获得竞技区印章1枚；（场地：园所操场） **灯谜区** 新春主题灯谜竞猜，只要答对一个灯谜，可以获得灯谜区印章一枚，多答不累计（场地：园所大厅） **手工区** 猴年主题或过年主题的手工制作3 ~ 5个，每完成一个手工可获得手工区印章1枚（场地：一间教室）	

（续）

"闹新春　迎庙会"活动策划			
活动流程	90分钟	**美食区** 儿童休息简餐区，建议由在园家长和孩子负责承接 准备具有过年特色的传统美食（场地：一间教室） **年货区** 年货跳蚤市场，建议由在园家长和孩子负责承接 由孩子自备物品，自由进行买卖或交换（场地：一间教室） **公益区** 捐赠孩子闲置衣服、玩具、图书，要求干净、整洁、可以重复使用，建议由公益组织或福利院承接，为捐赠的孩子颁发爱心小天使证书（场地：一间教室）	
		4.礼品兑换 根据印章数量兑换礼品 1 ~ 5个印章换 × × × 6 ~ 12个印章换 × × × 12以上印章换价值100元宝贝王活动卡 现场报名、赠送	
	活动结束		
	30分钟	咨询报名时间 收拾材料、清洁场地 活动总结反思归档	

活动预案：

1.活动前勘察活动现场，排除安全隐患。

2.出现跌倒、轻微擦伤，保健医协助家长清理伤口，贴上创可贴。

3.出现比第2条严重的事故，第一时间报告活动安全负责人/活动总负责人。

4.出现危险情况/人物时，首先确保幼儿安全，然后按程序报告活动安全负责人/活动总负责人。

物品准备：急救箱

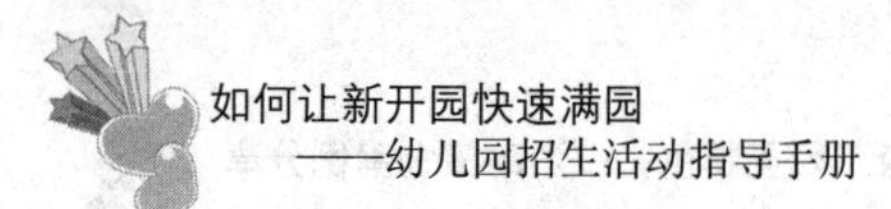

附录1：市场调研问卷参考

×××幼儿园家长调查问卷

幼儿园是孩子离开家庭进入集体生活并迈向独立的第一步，选择一个适合的幼儿园对孩子和家庭都具有十分重要的意义。为了帮您完成这一目标，请您协助我们完成这份调查问卷，让我们可以更好地了解您的期待，并加以实现。调研结果和信息会严格保密，仅限本园使用！

受访者信息

您与孩子的关系：______ 您的年龄：______ 您所受教育程度：______

您家中几个孩子：______ 孩子出生日期:______ 是否在园：______

请留下您的姓名与联系方式：

关于选择幼儿园

·您为孩子选择幼儿园时关注点是什么？（最多可选三项）

□离家近 □教学品质高 □特色课程 □声誉好 □品牌知名度

□环境设施好 □饮食条件好 □管理规范 □收费水平 □师资水平

其他：______________________________

·您期待孩子在幼儿园里得到哪方面的提高？（最期待的三项）

□学习知识 □培养好的习惯和品质 □独立性与自理能力 □英文与国际化视野 □艺术表演与创造能力 □社交能力 □愉快的玩耍 □身体素质

其他：______________________________

·您希望幼儿园里开展哪些特色教学？

□英语 □创意美术 □音乐 □舞蹈 □国学 □体育 □思维训练

其他：______________________________

·您喜欢参加的学校活动有哪些（多选）？同时请告知我们，您方便参与活动的时间：

□家庭亲子活动 □育儿讲座 □儿童游戏 □节日庆典 □工作日 □周六 □周日

其他：______________________________

·您所熟知的本地幼儿园品牌有哪些？

____

·就您目前的了解，您认为最好的幼儿园是哪所？您认为该所幼儿园什么最吸

引您?

关于消费

·您的家庭月收入是多少（元）?

□5 000 ~ 8 000　□8 001 ~ 10 000　□10 001 ~ 15 000　□15 001 ~ 20 000
□20 001以上

·您可以接受的幼儿园月均收费标准是多少（元）?（含伙食费）

□1 000以下　□1 001 ~ 2 000　□2 001 ~ 3 000　□3 001 ~ 4 000
□4 001以上

·除幼儿园以外，您每月为孩子的教育投资是多少?

□100以下　□101 ~ 500　□501 ~ 1 000　□1 001以上

附录2：新开园市场营销开园报告

新开园市场营销开园报告

报告人：

填写时间：

目　录

第一部分　新开园园所描述

城市	第几家	园所地址	面积	班级预设	保教费预定	预计开园时间
背景描述：						
园所区域特性						
园所周边情况						
当地幼儿园情况						

第二部分　新开园市场调研基本概况

调研范围：园所半径3km

· 社区基本概况

序号	楼盘名称	直线距离（m）	售价(元/m^2)	开盘时间	入住时间	建筑面积（万/m^2）	户数

· 竞争园所基本概况

序号	幼儿园名称	直线距离（m）	托费(元/月或学期)	伙食费（元/月）	开园时间	性质

第三部分　新开园市场调研详情

社区分析不少于3个

	调研内容	采集描述
社区名称	目标群体数量预估	
	新生儿出生率	
	收入水平	
	消费水平	
	用于教育消费能力	
	入园收费心理预期	
	对品牌的认知	
	家长对教学的期待	
	社区内可利用品牌露出	
调研者分析建议		
社区配图		

竞争园所分析不少于3家

	调研内容	采集描述
园所名称	园所背景	
	园所现状	
	办园特色	
	家长口碑	
	师资及教学水平	
调研者分析建议		
园所配图		

渠道机构采集不少于5家

机构名称	背景介绍	对接人	联系方式	接洽进度

第四部分　市场调研SWOT分析

优势	
劣势	
机会	
威胁	

第五部分　园所定位与价格政策

园所定位	办园特色建议	
价格政策	收费定价	
	开园优惠	
	特殊政策	
	新生奖励	

第六部分　开园招生目标

招生目标	承诺目标	
	挑战目标	

第七部分　开园市场营销计划

第一个月																											
第一周							第二周							第三周							第四周						
一	二	三	四	五	六	日	一	二	三	四	五	六	日	一	二	三	四	五	六	日	一	二	三	四	五	六	日
第二个月																											
第一周							第二周							第三周							第四周						
一	二	三	四	五	六	日	一	二	三	四	五	六	日	一	二	三	四	五	六	日	一	二	三	四	五	六	日
第三个月																											
第一周							第二周							第三周							第四周						
一	二	三	四	五	六	日	一	二	三	四	五	六	日	一	二	三	四	五	六	日	一	二	三	四	五	六	日

第八部分　活动方案策划

附录3：2016年亚洲幼教年会讲座PPT

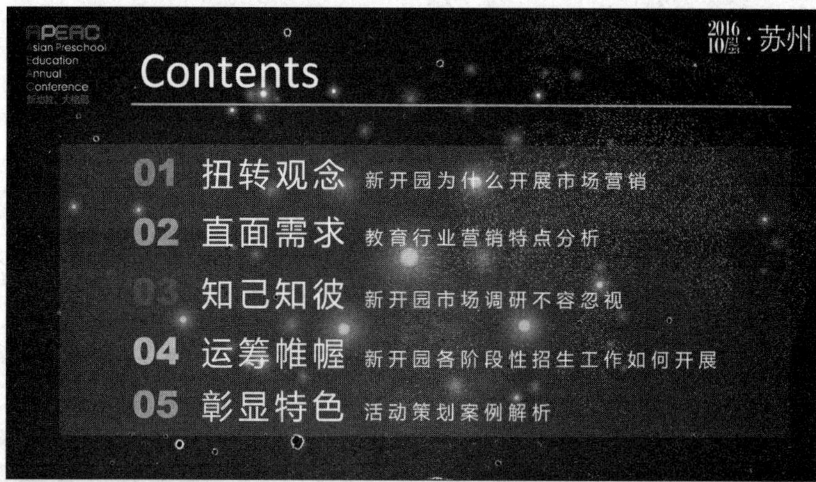
APEAC
Asian Preschool
Education
Annual
Conference
2016 10月 · 苏州
Contents
01 扭转观念 新开园为什么开展市场营销
02 直面需求 教育行业营销特点分析
03 知己知彼 新开园市场调研不容忽视
04 运筹帷幄 新开园各阶段性招生工作如何开展
05 彰显特色 活动策划案例解析

APEAC
Asian Preschool
Education
Annual
Conference
2016 10月 · 苏州
亚洲幼教年会
01
扭转观念

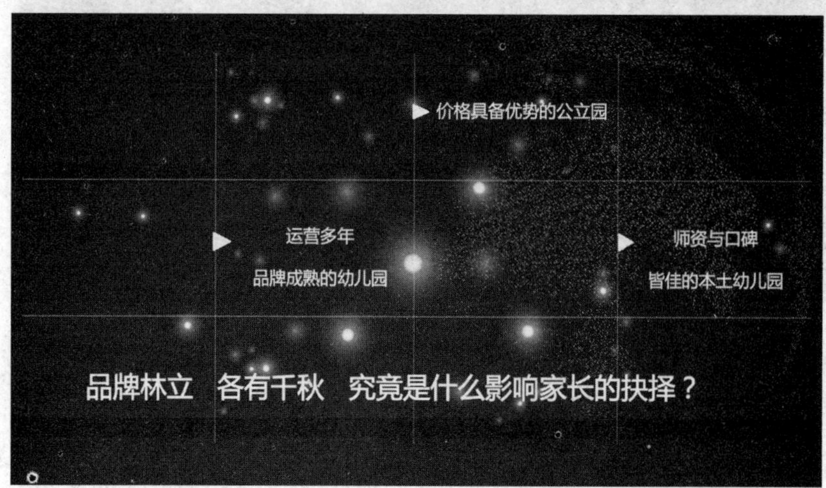
价格具备优势的公立园
运营多年
品牌成熟的幼儿园
师资与口碑
皆佳的本土幼儿园
品牌林立 各有千秋 究竟是什么影响家长的抉择？

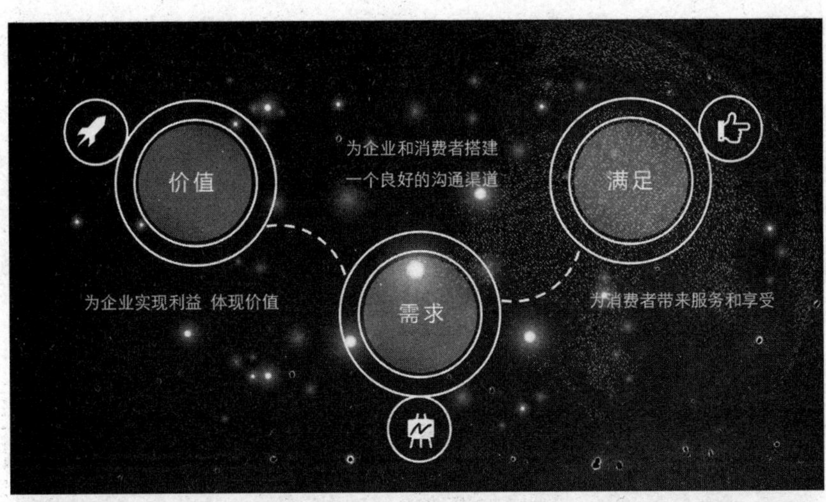
价值
为企业和消费者搭建
一个良好的沟通渠道
满足
需求
为企业实现利益 体现价值
为消费者带来服务和享受

2016 10月 · 苏州
亚洲幼教年会
02
直面需求

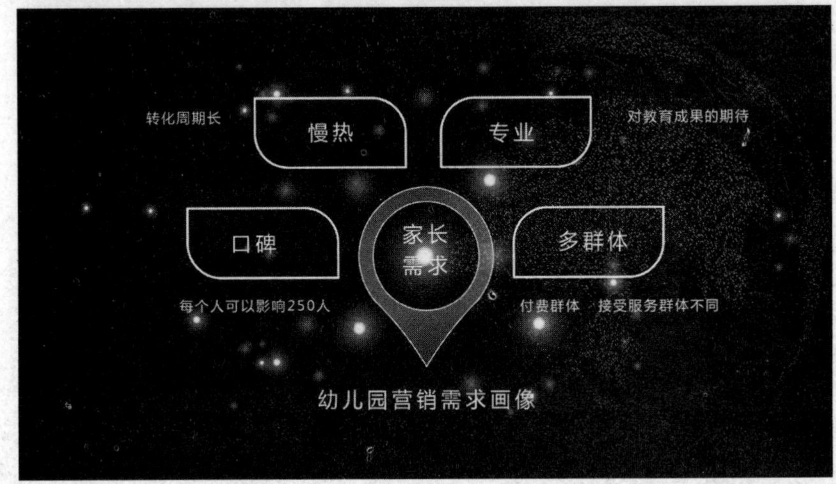
转化周期长
慢热
专业
对教育成果的期待
口碑
家长需求
多群体
每个人可以影响250人
付费群体 接受服务群体不同
幼儿园营销需求画像

APEAC
Asian Preschool
Education
Annual
Conference
2016 10月·苏州
亚洲幼教年会
03
知己知彼

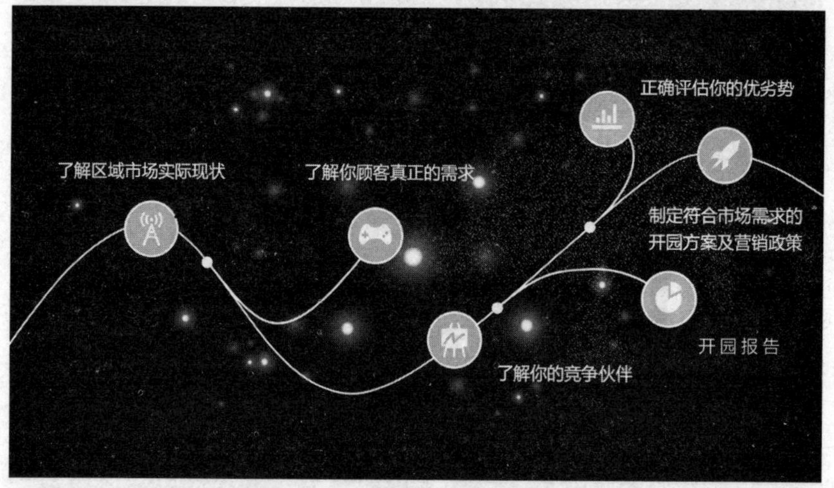

了解区域市场实际现状
了解你顾客真正的需求
正确评估你的优劣势
制定符合市场需求的
开园方案及营销政策
开园报告
了解你的竞争伙伴

APEAC
Asian Preschool
Education
Annual
Conference
2016 10月·苏州
亚洲幼教年会
04
运筹帷幄

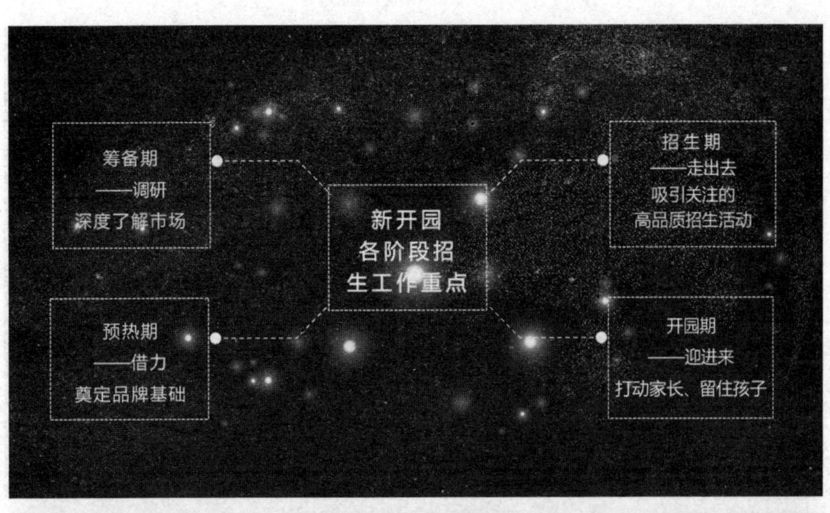
筹备期
——调研
深度了解市场
新开园
各阶段招
生工作重点
招生期
——走出去
吸引关注的
高品质招生活动
预热期
——借力
奠定品牌基础
开园期
——迎进来
打动家长、留住孩子

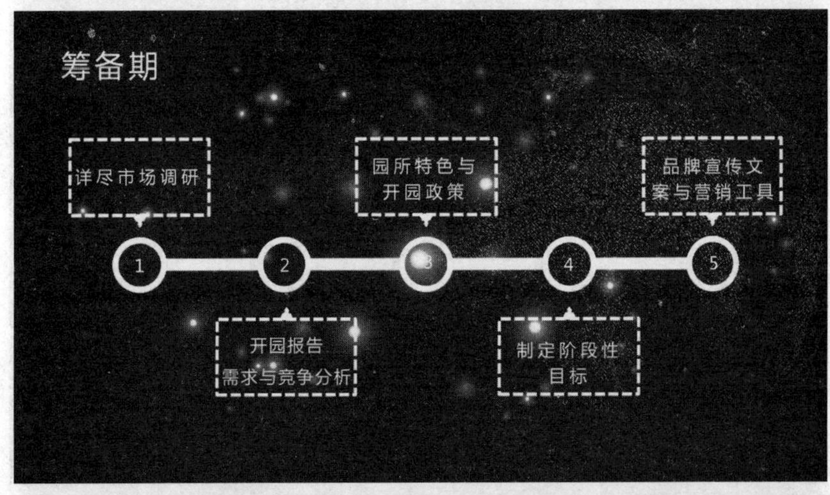
筹备期
详尽市场调研
园所特色与
开园政策
品牌宣传文
案与营销工具
1
2
3
4
5
开园报告
需求与竞争分析
制定阶段性
目标

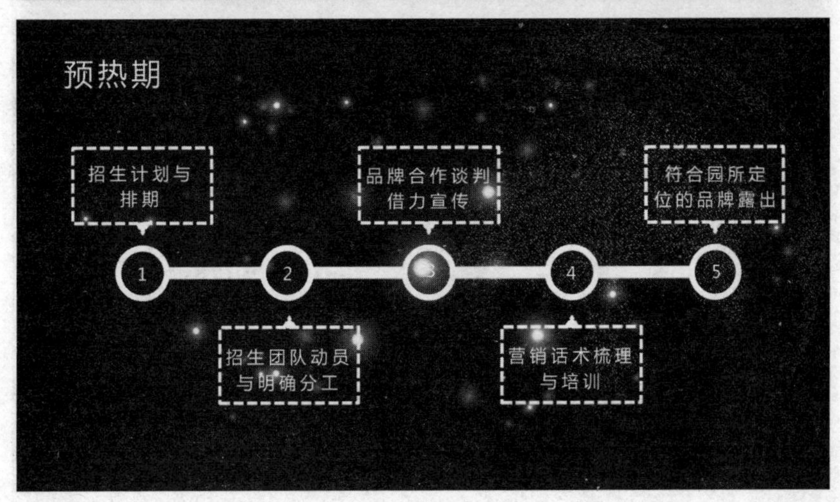
预热期
招生计划与
排期
品牌合作谈判
借力宣传
符合园所定
位的品牌露出
1
2
3
4
5
招生团队动员
与明确分工
营销话术梳理
与培训

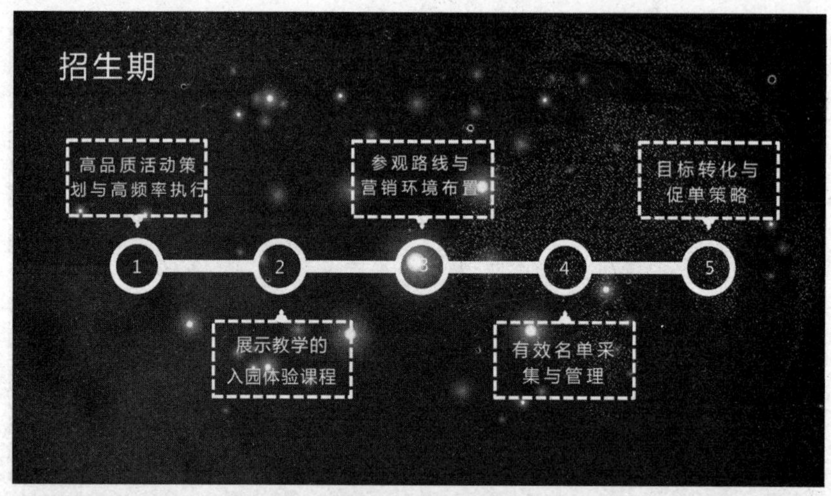
招生期
高品质活动策划与高频率执行
参观路线与营销环境布置
目标转化与促单策略
1
2
3
4
5
展示教学的入园体验课程
有效名单采集与管理

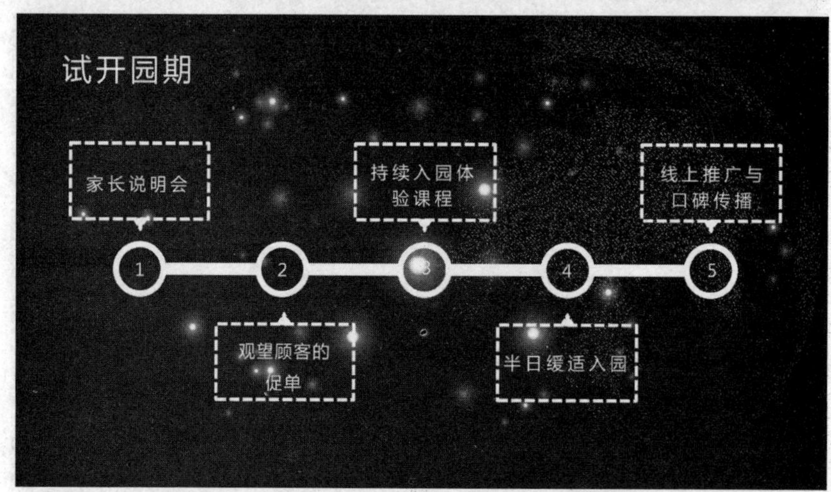
试开园期
家长说明会
持续入园体验课程
线上推广与口碑传播
1
2
3
4
5
观望顾客的促单
半日缓适入园

APEAC
Asian Preschool
Education
Annual
Conference
2016 10月 · 苏州
亚洲幼教年会
05
案例解析

活动策划案例解析

不成熟环境新品牌如何快速占领一席之地

预热期三个月

招生期一个月

招生活动累计20余场

名单采集600份

招生目标90人

未开园状态缴费145人 等位报名137名 ……

活动策划案例解析

成熟环境竞争激烈如何脱颖而出

3月开园120人

招生活动8场

入园体验8场

一个月 满园

突破223人

3月预报名 排位满员 ……

APEAC
Asian Preschool
Education
Annual
Conference

2016 10/21-23 · 苏州

决胜关键

坚毅的，不达目的誓不罢休的心

真诚的，打动家长和孩子的态度

极致的，展示教育机构专业水准的细节

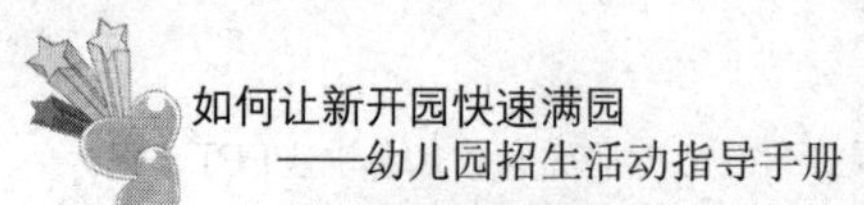

亚洲幼教年会

APEAC
Asian Preschool
Education
Annual
Conference
新幼教，大格局

Thanks